90分でわかるサルトル

ポール・ストラザーン 著
浅見昇吾 訳

Sartre
in
90 minutes
Paul Strathern

WAVE出版

90分でわかるサルトル

ポール・ストラザーン 著
浅見昇吾 訳

90分でわかるサルトル
ポール・ストラザーン

SARTRE
in 90 minutes
by
Paul Strathern

目次

編集協力 ― 花風社

装丁 ― 松田行正＋日向麻梨子（マツダオフィス）

カバーイラスト ― 杉本聖士（マツダオフィス）

DTP ― NOAH

サルトル——思想の背景

サルトルは歴史上最も人気のあった哲学者である。ただし、彼が生きているあいだの話だが……。

サルトルの作品は多くの人に読まれた。学生や知識人《インテリ》ばかりではない。革命家に読まれ、普通の読者に読まれた。

世界中の人が彼の作品を手にとったのである。

なぜサルトルの作品がこれほど人気を博したのだろうか？

これには大きな理由が二つある。もっとも、そのどちらも彼の哲学者としての能力とは関係がない……。

まず、時期がよかった。

第二次世界大戦後の廃墟《はいきょ》と化したヨーロッパでは、人々の心に大きな精神的空洞があった。

実存主義という哲学がこの空洞を埋めた時期に、サルトルはこの哲学の代弁者《スポークスマン》となったのである。

次に、サルトルの哲学がのちに政治色を強め、革命的な立場をとって、権威という権威に抗《あらが》ったのがよかった。

世は、チェ・ゲバラが活躍し、学生運動が世界を席捲《せっけん》し、中国の文化大革命が人々の共感を誘《いざな》っていた時代である。革命的な態度をとれば、人々の心をとらえるのは当然のことであろう。

事実、サルトルは政治に強く関心を寄せ、ほとんどすべての政治的テーマについて発言した。

しかし、何ということか！

実際の歴史は、サルトルの言葉がほとんど間違っていたことを証明してしまう。だが、サルトルの初期の実存主義的哲学は、このような政治的スキャンダルから切り離して考えなければならない。

サルトルは実存主義者ではあったが、その創始者だったわけではない。けれども、実存主義者を最初に標榜《ひょうぼう》し、実存主義の名を大きく世に広めた人間である。哲学的な着想《アイデア》を発展させ、その帰結《きけつ》を探りだす才能に関しては、二〇世紀の哲学者の中でサルトルの右に出る者はいない。

だが、これはサルトルの華麗なる想像力のなせる業《わざ》であった。厳密な分析が行われていたわけではない。そのため、「正当な」哲学者はサルトルを侮蔑《ぶべつ》し、まともに相手にしない。

サルトルも、そして実存主義も「本物の」哲学とは関係がない、こう言うのである。

では、この実存主義とはどのような哲学だったのだろうか？

「一人ひとりの人間が究極の絶対的な自由をもっている」ことを示そうとした哲学だった。シャンソン歌手ジュリエット・グレコの歌の一節が、この思想をうまく言い当てている。

「あなたは何をなさってもいい。でも、あなたがなさったことが、あなたという人間なの……」

考えようによっては、実存主義は、このナイト・クラブの歌の一節と同じように浅薄なものだともいえる。けれどもよく考えてみれば、サルトル流の実存主義は、現代哲学のどれと比べても遜色《そんしょく》のないものかもしれない。

言葉をかえよう。

実存主義は刺激的な「行動の哲学」であり、一人ひとりの人間を「行動に巻きこむ」哲学であったかもしれない。が、批判者たちが言うように、きわめつきの内的な反省の理論で、「独我論（この世には私しか存在しないという考え）」の域に達しているかもしれないのである。

だが、サルトルの信奉者も批判者も一つの事柄に関しては意見が一致している。サルトルの実存主義は、戦後の廃墟にくすぶるヨーロッパの市民的《ブルジョア》価値に反抗した、というのである。

ブルジョア（基本的には中産階級）とは、実存主義が否定するものの象徴にほかならない。だから、実存主義者でありながら、ブルジョアであることは不可能なのである……。

サルトル——生涯と作品

ジャン・ポール・サルトルはブルジョアの子として生まれている。父親は若い海軍の将校であった。

その父親は一九〇六年、熱病でこの世を去っている。サルトル、一歳のときのことである。

父親の死をサルトルは、こう記している。

「私の人生で、これほど大きな意味をもつ出来事はほかにない。……このとき死んでいなかったら、父は私の上に君臨して、私を押しつぶしていただろう」

サルトルは父親との心理的葛藤を経験することもなく、父なるものへの服従を知らずに成長するのである。

「自我《エゴ》を監視する超自我《スーパー・エゴ》もなければ……フラストレーションに発する攻撃性もな

かった」

子ども時代のサルトルは権力や権威に関心を寄せることもなかったし、他人を力ずくで動かそうとすることもなかったのである。

この天使のようなサルトルを見ると、一種の驚きを禁じえない。ここから、あの大人のサルトルが生まれたのである。ブルジョア（中産階級の習慣や価値観）に敵意を燃やしつづけ、権威という権威に抗《あらが》い、親しい人間たちを精神的に支配しようとしたサルトル。彼が生まれたのである（のちにサルトルは天才的なひらめきによって、自分の精神の複雑な活動を吟味していくことになるが、あまりに目につきやすいものは彼の目にとまらなかったのだろうか）。

父親の死後、サルトルは母親のアンヌ・マリーに連れられ、パリ郊外の家で、アンヌ・マリーの父シャルル・シュヴァイツァー（アフリカに伝道に出かけたアルベルト・

シュヴァイツァーの伯父《おじ》）と一緒に住むことになる。

シャルル・シュヴァイツァーは当時の典型的な家長であった。女性ばかりの家で彼の言葉は「法」として君臨《くんりん》した。そのうえ、妻に対して不正を働きつづけている。

サルトルは自伝『言葉』の中で、祖父シャルル・シュヴァイツァーの思い出を語っている。

「端整な顔立ちの中に白い顎鬚《あごひげ》を伸ばした男で、人前で自分を誇示《こじ》できる機会をいつもうかがっていた。……まるで父なる神のような人間だったし、実際にときおりは神と間違われていたようである」

ここには、超自我《スーパー・エゴ》の役割を担《にな》える人間がいたのである。しかし、サルトルは祖父にこの役割を与えようとはしなかった……。

この祖父の家では、サルトルばかりでなく母親まで、子どものように扱われる。そのため、サルトルはアンヌ・マリーを母として意識せず、仲のよい姉と思うようになる。

サルトルにすれば、父親の役割を果たす人間は必要なかったが、母親や姉のような人間は必要だったのだろう。事実、その後の人生においても、母親や姉のような存在は欠かせなくなる。

サルトル自身の言葉も含め、様々な記録を読みあわせてみると、サルトルの子ども時代はかなり幸福だったようだ。まわりの女性たちにも溺愛《できあい》されていたらしい。そのため、超自我《スーパー・エゴ》がなかったこととあいまって、サルトルの自我《エゴ》が急速に増長していくことになる。聖なる天使として扱われるだけでは物足りず、「おれは天才だ」と宣言するまでになるのである。それでも、誰もサルトルをたしなめなかった。祖父シャルル・シュヴァイツァーでさえ、サルトルを抱きよせ、「かわいい大切な坊や」と呼びかけていたという（サルトルはのちに子ども時代を振り返って、「私は、自分の子ども時代と、そこから残ったものを何もかも憎む」と語ることになる。何ともサルトルらしい鈍感《どんかん》さである）。

なるほど、自分が天才だとうぬぼれるような子どもはサルトルだけではない。けれども、サルトルはほかの子どもとは違っていた。自任している天才の役割を果たすだけの優れた知性、忍耐力、想像力をもっていたのである。やがてサルトルは、騎士の冒険談や英雄の物語を次々とノートに書きつらねていくようになる。

そんな時期のことである。彼の外見を一生変えてしまうようなことが起こる。サルトルが海辺で休暇を楽しんでいたところ、インフルエンザにかかってしまう。当時の医者は社会的に尊敬されていたものの、実際の治療技術は名声にははるかに及ばないものであった。サルトルはインフルエンザをこじらせ、重い合併症を併発させてしまう。その結果、右眼に角膜白斑《かくまくはくはん》を患《わずら》う。やがて病気が斜視まで発展し、サルトルの視力がかなり失われることになる。

医学用語を使わないであからさまに言おう。サルトルはひどい「やぶにらみ」になったのである。ほぼ失明した片目で、斜めからものを見ることを余儀なくされたのである。

しかし、うぬぼれて自分だけの世界に没頭していたサルトルは、このような災難もすぐに克服することになる。

幸せな子ども時代はまだ続くのである。

ところが、そこに本当におそろしいことが起きる。母親がむこうみずにも、再婚しようとするのである。サルトルはぞっとした。

自分が母親の興味の中心ではなくなってしまう！

事実、アンヌ・マリーは新たな夫ジョゼフ・マンシーに「さらわれて」、はるか遠くラ・ロシェルに赴《おもむ》くことになる。

サルトルが母や義父と暮らすためにラ・ロシェルの港に到着したのは、一二歳のときであった。

（五〇代になって書かれた）自伝の中でも、当時四三歳の義父のことが生々しく描かれている。これを読めば、サルトルの心の奥深い部分が読みとれる。

「母が彼と結婚したのは、愛のためではない。……彼は快活な男ではなかった。……痩《や》せていて背が高く、黒い口髭《くちひげ》を生やし……そのうえ、バランスが悪いことに……鼻がとても大きかった」

権威主義的でブルジョアそのものであったジョゼフ・マンシー。邪悪な義父の役割を果たすのにこれ以上うってつけの人材はいない！

裕福で、豪奢《ごうしゃ》な邸宅に住み、地域の名士で、その土地の礼儀を欠かすことがないマンシー。彼はデローネ・ベルヴィル造船所を、古い資本家のスタイルで、効率的に経営していた（ストライキが起こりそうになれば、労働者が飢えて問題が解決するまで、労働者をロック・アウトした）。仕事のあとには毎晩、息子をきらびやかな応接室に呼びよせ、幾何学と算術を教えていたという。ジョゼフはここでも古典的な方法を採用し、何度も間違えると、サルトルに平手打ちをくらわしていたらしい。

時が流れ、高等中学《リセ》に通うようになると、サルトルはオシャレなパリっ子らしく半ズボンをはき、学校を闊歩《かっぽ》するようになる。すると、それほどオシャレでない生徒たちがからかいの言葉を投げかけてくる。このような洗礼を受けても、サルトルはうぬぼれを強め、心の内でますます思いを強めるようになっただけである。不良たちに脅《おび》えることも、自負心が弱まることもなかった。やがてサルトルは、精神的にひとりだちした人間になっていく。

（クラスの中でも観察力に秀《ひい》でた者は、サルトルの才能を見抜くようになる。蛙《かえる》のような顔をしたこのチビは、すごい才能をもっている、と。ただし、成績が飛び抜けていたわけではない。サルトルはこの時代の最高の知性である。その彼がたいていはクラスで上から三分の一あたりのところにいた。おそらくは義父のひどい教え方のせいであろう）

結局、サルトルはよくある二重生活を送っていたのである。家では天才の役割を担《にな》い、学校ではスケープゴートの役割を果たしていた……。

さて、サルトルは様々な物事に通じていたものの（このことをまわりの人間に見せつけていた）、級友からは眼鏡をかけたおもしろみのない奴と思われていた。しかし同時に、頻繁《ひんぱん》に滑稽《こっけい》な失敗を犯していたらしい。

何とも興味深いことではないか！

一つだけ例をあげておこう（サルトルらしいことに、この失敗談は四〇年後に彼自身が語っている）。

高等中学《リセ》に通うほかの生徒と同じように、サルトルも売春街の女性のことをいろいろ想像するようになる。級友たちは女性のことで小さな成果をあげるたびに、それを吹聴《ふいちょう》する。あるとき、サルトルは級友たちよりも大きな成果をあげたと言い張った。しかし、これが大きな想像力の賜物《たまもの》だった。

「私は級友たちに言ってやった。『ある女とホテルに行ったんだ。午後彼女と会って、おまえたちが売春婦たちとやったことを、そいつとやったんだ』と。……私は母親のメイドに頼んで、私宛の手紙を書いてもらうことまでした。『私の大切な、大切なジャン・ポール……』といったぐあいに。級友たちは私が嘘を言っているのではないか、と考えた。……私は自白し……クラス中の笑いものになった」

このころは過酷な時代だった。第一次世界大戦が勃発し、サルトルの級友の多くは母親と暮らしていた。父親は戦場に送りこまれていたのである。戦場では死体の山が築かれている。あとに残された級友たちは悲しみに駆りたてられ、弱い人間を見つけては、攻撃していたのである。

しかし、このような経験を通じて、サルトルはタフな精神を身につけていくことになる。が、それと同時にある種の二義的《アンビバレント》な思いにも駆られるようになる。一方では、周囲に順応して軽薄な馬鹿どもの列に加わることは、何としてもいやだった。けれども他方で、周囲から認められたいと思うようになる。人々の注目を受けたいと考えるものの、自分の思ったとおりの形で注目を浴びるのでなければいやだったのである。この二義的《アンビバレント》な思いは、一生涯サルトルにつきまとうものになる。

サルトルは外にむけてはこのような二義的《アンビバレント》な思いにとらわれていたが、自分の部屋の中では、「王子」そのものだった。机に向かい、自分自身を慰めつづけている。

「おれは天才だ！」

事実、ニキビ面で蛙《かえる》のような顔をした少年は、天才になるための困難な課題に取り組み始めていた。ロマンティックな騎士道の物語を書き連ねていたノートに、自分の生活を省《かえり》みるような文章をつづるようになる。そのうえ長い小説を仕上げていくようになる。

一四歳のときには、小説『ゲッツ・フォン・ベルリヒンゲン』を完成し終えていた。これはドイツのある専制君主を描いた物語である。

物語のクライマックスは、臣民が君主に反乱を起こす場面である。臣民たちは粉挽《こなひ》き場や機織《はたお》り屋などを壊《こわ》していく（そうした店のいくつかは、義父の造船所にかなり似ている）。君主は最後に死刑に処されるが、その殺し方が実に手の込んだものとなっている。尖《とが》った屋根にとりつけられている時計の穴に、君主の体が押しこめられるのである。ローマ数字で書かれた時計盤のⅫの文字のところである。すると、君主の人生の最期のときは、恐怖と苦悩に満ちたものとなる。時計の針が刻一刻とⅫに近づくにつれ、君主の恐怖は増していく。針がⅫのところに来れば、君主の首がはね飛ばされる……。

この話には、苦悩、暴力、死というテーマが満ちあふれている。これらは、サルトルが大人になってからも、主題化していくものである。大人になってからの作品にも、生々しい青年期の苦悩を感じとることができる。真剣な思いに満ちた一〇代のころの苦悩や痛みがサルトルに大きな影響を与えたのである。

しかし、一〇代の時期にそのような苦悩を感じるなら、誰でも哲学的な問いに目を開く。凡人と一線を画するサルトルの天才性とは、苦悩と哲学的問いのあいだのこの結びつきをいつまでも保持しつづけたことにある。自意識と困惑が高まっていく若い心に産みだされた感情的で知的な力——サルトルはこれを保持しつづけたのである。

一九一九年になると、少年サルトルは母親の財布からお金を盗むようになる。このお金で、サルトルは級友たちに媚《こ》びを売るために、オシャレなカフェで級友に外国のクリーム・ケーキやラム酒のケーキをごちそうする。

このことでサルトルはケーキのねばねばした味を楽しみ、級友たちからも人気を得ることができて喜ぶが、罪の意識と不安に苛《さいな》まれることにもなる。ねばねばした甘い味わいと、胸がむかつくような不快感——この感情的な結びつきも、のちに何度もとりあげるテーマとなっている。

当然のことながら、母親の財布からお金を盗んでいたことは、やがて露見する。だが、恩知らずな級友たちはそのことでサルトルをいっそうからかうようになる。また、家でも大きな騒ぎになる。

時ここに至り、サルトルは決断を下す。

パリに行って祖父のもとで暮らそう！

サルトルは、裕福ではあっても月並みな義父のもとで暮らすよりも、（「神」のような）祖父の鉄の掟のもとで暮らすほうを選んだのである。

サルトルは反抗者として成長していくことになるが、「どこに」反抗すべきかをこのときすでに学び始めていたのである。果たして、ここで選択した反抗の方向が、一生をかけた闘いの方向を定めることになる……。

一五歳のとき、パリに戻り、誉れ高いアンリ四世高等中学《リセ》に復学する。このころから、本をつぎからつぎへと読みあさり、幅広い知識を吸収していく（当時のサルトルの理解力や感情では、よくわからないものも少なくなかったが……）。しだいにノートに、短い格言や哲学的なコメントを書くようになる。

このころのサルトルの思索《しさく》のレベルを知るためには、彼の愛の定義を見てみるとよい。

「欲望とは、女性を目的としてではなく、手段として扱うことである。愛とは、女性を手段としてではなく、目的として扱うことである」

いかにもフランス人らしい格言である。人を惑《まど》わすようなところもあるが、着想の鋭さも光っている。両方の要素が混在している。

サルトルのこの点に関しては、高等中学《リセ》の哲学の教師が興味深い言葉を残している。

「サルトルは着想《アイデア》を充分解きほぐさないうちに、いろいろ過度に飾りたてようとする！」（アングロ・サクソン系の哲学者はサルトルの哲学に関して、今でもこのように考えている）

その後、一八歳で難関の大学入学資格試験《バカロレア》を突破し、高等師範学校《エコール・ノルマル・シュペリウール》に入学する。

ここは、その名前《ノルマル》とは裏腹に、月並《ノルマル》みなところではなく、フランスの最も優れた知性を集めているところである。
当時の学生の顔ぶれを少し眺めれば、そのレベルの高さがわかる。次世代を担うスターがそろっている。

レイモン・アロン。哲学者になる。

モーリス・メルロ＝ポンティ。やはり哲学者になる。

クロード・レヴィ＝ストロース。文化人類学を指導《リード》していく。

シモーヌ・ヴェイユ。かなりヒステリックなところがあるものの、この時代随一の神学的な思想家になる。

ジャン・イポリット。のちにこの高等師範学校《エコール・ノルマル・シュペリウール》の校長になり、優れた手腕を発揮する。

シモーヌ・ド・ボーヴォワール。作家としても哲学者としても名を成していく。

こうした刺激に満ちた環境の中で、サルトルは大きく飛躍する。サルトルがひとたび語り始めると、誰もサルトルの顔の醜《みにく》さなど気にかけなかったという。セーヌ左岸のカフェのテーブルで、蛙のような顔をした眼鏡の男がひときわ輝いていたのである。

「サルトルは眠っているとき以外、いつも思索に耽《ふけ》っていた」

「サルトルは最高の仲間だ。度量もこれ以上ないくらい広い。……皮肉屋を装《よそお》い、自分を嫌悪しているように見せていたが、……その背後には途方《とほう》もない優しさが隠れていた。サルトル自身はそれを認めることも否定することもしなかったにせよ……」

サルトル自身は、「ソクラテス千人分、それが私である」と言っている。

こうして、サルトルは孤独な殻《から》を打ち破ることに成功する。

やがてビールにも手を出すようになる。が、その飲み方は、浴《あ》びるようなものだったらしい。

そのうえ、彼の知性に魅惑された女性たちが現《あら》われるようになる。彼女たちには、蛙のような醜い顔も魅力的なものに映ったらしい。サルトルは大喜びする。そしてビールへの欲求ほどではないにしろ、女性への欲求がわき起こってくる。

とはいえ、そのどちらの欲求も知的欲求ほど強くはなかった。書物、着想《アイデア》、知識への貪欲《どんよく》さのほうがはるかに勝っていたのである。

サルトルはあらゆる本を読んだ。授業で課された本をのぞいて……。

そのためだろうか。サルトルは教授資格試験《アグレガシオン》に落ちてしまう。周囲の人間もこれには驚いたが、何よりも驚いたのがサルトル自身である。

次の年は、やや試験に合わせた勉強をするようになる。

こうして教授資格試験《アグレガシオン》に落ちたにもかかわらず、相変わらずサルトルは学生のあいだのスターでありつづけた。

私生活のほうを見ると、この時期、サルトルはしだいに不潔な習慣を身につけるようになっていく。きれいな水の乏しいパリでの学生生活のせいかもしれないが、シャワーを浴びなくなり、パイプを手にとるようになる。パイプの匂いはかなり強い。ほかのどんな匂いも隠してしまう。

やがてパイプを手にしたサルトルが、カルチェラタンのカフェに出没し、親しい仲間たち（レイモン・アロンもいたし、一時はメルロ・ポンティもいた）と激しい議論を戦わせるようになる。よく話題になったのが哲学であり、このグループに参加するには、かなり気の利《き》いたことを情熱をもって語らなければならなかった。

そんなある日、背の高い二一歳の女性がグループに加わる。本気で哲学に関心を寄せていた女性で、名をシモーヌ・ド・ボーヴォワールという。彼女は哲学の議論に加わると、自分の立場をしっかりと主張し、弁護していった。

このボーヴォワールもサルトルと同じように、ブルジョアの家系に生まれ、上流階級らしい教育を受けてきたが、それに敢然《きぜん》と反旗《はんき》を翻《ひるがえ》すようになっていた。

そんな彼女につけられたニックネームが「ビーバー」である。命名者によれば、「ビーバー」は「勤勉さとエネルギーの象徴」だから、ボーヴォワールにふさわしいそうだ（アメリカでは「ビーバー」という言葉は、卑猥《ひわい》な意味を連想させる。しかし、ボーヴォワールに対して卑猥な意味を思い浮かべる者はほとんどいなかった。たしかに、サルトルたちのグループはブルジョア的な趣味に反抗していたし、男たち同士で酒をのむときには、卑猥なジョークを口にすることもあった。それでも、ボーヴォワールに対して、卑猥な意味を連想する者はほとんどいなかったらしい）。

「チャーミングでかわいかったが、ひどい趣味の服をまとっていた。……見るもおそろしい帽子をかぶっていた」

二四歳のサルトルはボーヴォワールのことをこう評した。

「ひとめぼれでした」

ボーヴォワールはそういっている。

どちらにしても、二人は愛しあうようになる。

サルトルはボーヴォワールを指導するつもりでいた。ブルジョア的な振舞いを批判しようと思っていたし、ファッション・アドバイザーの役を担《にな》おうとも思っていた。

サルトルはボーヴォワールに「これからは、きみを守ってあげるよ」という。

ところが、そうはならなかった。なるほど、ボーヴォワールの才能をもってしても、議論ではサルトルにかなわない。しかし、ボーヴォワールはサルトルの着想に対して、誠実に鋭い批判を繰り返していく。

サルトルは生まれて初めて、自分と対等の才能に出会ったことに気づき、「ビーバー」の批判を「聖なる言葉」のように受けとめるようになる。

けれども、二人の関係はさらに深まっていく。ボーヴォワールは孤独な少女期のあいだ、考えを自分と同じくする人間を探し求めていた。そして、サルトルがその求めていたものだとわかったのである。サルトルにしても、ボーヴォワールのファッション・アドバイザーになるどころか、逆に自分のほうが世話をされる始末である(ボーヴォワールは母親のように、サルトルの入浴、シーツの取替え、にきび用のクリーム等々のことを気にかけた)。

ようするに、ボーヴォワールのほうは、自分と同じ精神をもつパートナーを見つけ、サルトルのほうは、「姉にして母親」の役割を担ってくれるパートナーを見つけたのである。

このようにしてお互いが相手に特定の役割を期待していくが、初めからそうはっきりと意識していたわけではない。それでも、二人の関係は一時的で偶然的なものでないことは、誰の目にも明らかであった。

とはいうものの、永続的な関係を結ぶことなど、二人には考えられないことであった。そんなものは、ブルジョア的だというのである。自分たちをカップルとみなすことすら、哲学的立場からして認められないという。婚約、共同生活、月並みな愛情、ブルジョア的家庭。そうした危険なものは、何としても避けなければならなかった。

二人の関係は、「オープンな」関係でなければならない。いっさいの付帯条件なしに、「オープン」でなければならない。

サルトルとボーヴォワールはそう決断する……。

二人は勉強に打ちこんだ。セーヌ左岸の安いビストロで食事をとり、愛を交わし、カフェやベッドで議論を繰り広げ、リュクサンブール公園を散歩する。そして勉強し、本を読む。さらに、勉強して、本を読み、意見を戦わせる。また、勉強する。暑い夏のあいだ、二人はそうして時を過ごしていった。そして教授資格試験《アグレガシオン》を受けると、試験の結果は、サルトルがトップで、ボーヴォワールが二番であった。次の世代を担う二人の俊英《しゅんえい》は、大きな足跡《そくせき》を残していったのである。

ようやく、ぬくぬくとした学生生活が終わりを告げ、サルトルとボーヴォワールも現実の社会に立ち向かわなければならない。ボーヴォワールは教鞭《きょうべん》を執《と》り、サルトルは兵役に就く。

二人は本当の知識人だった。この現実に直面して、自分たちの関係を定義しようとする。サルトルは自分の立場をはっきりと述べる。

人生でいちばん情熱を傾《かたむ》けたいのは、「書く」ことだ。ほかのことはすべて二の次である。「書く」ことを除《のぞ》けば、信ずるに足《た》るのは、「旅行、一夫多妻、透明性」だけである。

サルトルは兵役を終えたあと、日本で講師になることを計画していた。

ボーヴォワールとは、特別な関係を続けたいと思っていた。とはいえ、ほかの女性との交際も楽しんでいる。個人の自由という原理を絶対に譲《ゆず》り渡《わた》したくない。そう考えていたのである。だから、ブルジョア的な貞節の観念などにとらわれるはずがない。

しかし他方で、ボーヴォワールとの関係は特別な関係であることを、サルトルは素直に認めている。そこで、二人は「二年間のリース契約」を結ぶことにする。二年のあいだ親しい関係を続け、そのあと二、三年のあいだ別れようというのである。

それまで、二人のつき合いはかなり親しいものであったけれども、ブルジョア的な気の抜けた習慣のようなものになることはなかった。「二年間の契約」を結べば、その非ブルジョア的な熱い関係が維持できる。そう考えたのである。

サルトルはこうして奇妙なことに、「契約」などといったブルジョア的で資本主義的な言葉を使って、自分たちの関係を定義する。

そのあとで、今度はかなり哲学的な言葉を用いて、ボーヴォワールとの関係を詳しく定義する。

ここでサルトルは、哲学の伝統の中にある「必然的な真理」と「偶然的な真理」の区別に立ち返る。

必然的な真理を表現している命題とは何か？　その否定形をつくると、自己矛盾してしまう命題である。

たとえば、「哲学者は真理を求める」という命題を考えてみよう。「真理を求める」ということは、「哲学者」の定義の一部になっている。したがって、「真理を求める」ことを否定すれば、自己矛盾に陥ることになる。

次に、「哲学者はしばしばくだらない話をする」という命題を考えてみよう。

この場合、命題を否定しても、自己矛盾に陥ることはない。

ということは、この命題は論理的な意味で必然的に真になることもなければ、偽になることもない、ということになる（もちろん、哲学者の定義の中に、「くだらない話をすることなどできない」ことを含ませれば、話は別だ)。それゆえ、このような真理は「偶然的な」真理になる。

ボーヴォワールに対するサルトルの提案は、こうだ。二年間の契約のあいだ、そしてそのあとでも、「ビーバー」との関係は「必然的な」ものである。そのほかのどの女と関係を結ぼうと、それは「偶然的な」ものにすぎない……。

哲学に通じていない者なら、ここから何か誤った結論を導きだすかもしれない。しかし、サルトルのような哲学者がここで本当に言おうとしていることは、何なのだろうか?

偶然的な関係をもつようになったら、それをボーヴォワールに告げる「必然性」はない、ということなのだろうか?

そうではない。まったく逆である。

ここで、サルトルの人生の原理、つまり「旅行、一夫多妻、透明性」のうちの三番目の原理が働く。サルトルはボーヴォワールとの関係を完全に透明で、嘘偽りのないものにしようと願う。そのため、二人はすべてを告げ、秘密をもたないようにするのである。

サルトルたちがこうした関係を結ぼうとしてから、一世代の時が流れている。今から彼らの関係を眺めてみても、その新しさと大胆さを理解するのが難しくなっている。

パリは伝統的に恋人たちの街であったけれども、フランスという国はまだブルジョア的な道徳の拘束を受けていた。それに、アメリカのユタ州を除けば、ほとんどの文明国で核家族が伝統的な道徳の基盤となっている。世間体が昼間をつかさどる秩序なのである（夜をつかさどる秩序は偽善である）。

たしかに規則を破る人もいた。が、おおっぴらに破る者はいなかった。そのブルジョア的道徳を、サルトルとボーヴォワールが公然と否定したのである。

これは当時のフランスでは、実に大胆なことであった。世界中の知識人が彼らに魅《み》せられることになる。

正直でオープンな関係をつくろう。

お互いが自立していて、自由な関係をつくろう。男と女の関係が合理的なものであるはずなら、そうならなければならない。

こう考えたのである。もっとも、サルトルとボーヴォワールの関係が本当にそうした合理的なものになったかどうかは、別問題である。これは、二人の関係の進展に合わせて、徐々に議論していかなければならない問題である。ここでは、しばらくのあいだは合理的に事が運んでいった、といっておこう。あるいは、合理的に事が運んでいるように見えた、といってもよい。

思索する男と思索する女の新しい関係を大胆に定義した男サルトル。彼が残した有名な言葉を紹介しておこう。

「ビーバーはこの自由を受け入れ、そこでそれを守った！」

こうしてサルトルは一八ヵ月の兵役に向かい、ボーヴォワールはパリ郊外の女子校で心理学を教え始める。

サルトルはバスター・キートン以来のひどい戦士だったようだ。だが最後には、友人のレイモン・アロンが率いる気象班に入りこむことに成功する。そこで、サルトルとアロンは気象観測用の気球をあげ、ロワール渓谷に気球が流れていくさまを観察していた。

勤務がないときは、サルトルは相変わらず飽くことなく本を読みつづけていた。なんでも読んだ。哲学から、推理小説まで読み耽《ふけ》る。その合間には、精神を集中させ、思索に没頭し、その成果をそのまま書きとめていく。

「ビーバー」はほぼ毎日、厚い手紙を受けとることになる（そして彼女のほうも厚い手紙を書き送ることになる）。手紙のやりとりの中で、二人は自分の考えていることを議論しあい、週末になると落ちあってデートを重ねる。

「新しい理論を思いついたんだ」

サルトルの挨拶はいつも、この言葉だったという。

実際には、理論を次から次に壊していた、といったほうがいい。デカルトは間違っていた。カントも不充分だ。ヘーゲルはブルジョア的だ。伝統的な哲学のどれも、二〇世紀の生活にふさわしくはないというのである。

サルトルは自分の心の内を熱心に覗きこみ、心のありように気づくと、フロイトにも魅せられるが、結局これも捨て去る。精神分析は心に自律性を認めていない、というのである。

こうしてサルトルは、知性の築きあげた壮麗な建物を一つひとつ壊していく。その果てに残されたものは、一人ひとりの人間の自由だけであった……。

サルトルは兵役が終わっても、日本での仕事は得られず、ル・アーヴルの高等中学《リセ》で教職に就く。サルトルは、パリから来た高等師範学校《エコール・ノルマル》出身の俊英である。港町の習慣と合わないところがあるのはしかたがない。しかし、その変わり者ぶりは適度なものだったらしく、生徒たちに人気はあったし、解雇されることもなかった。

そんな時期の休暇中のことである。

サルトルはモンパルナスのカフェで、ボーヴォワールとレイモン・アロンとカクテルをのんでいた。このときサルトルは、哲学に対する不満をぶつける。哲学が現実の生活と結びついていない、というのがサルトルの言い分である。アロンがこれに異議を唱えた。ドイツの哲学者フッサールの現象学について聞いたことがないのか、というのである。

「いいかい。きみが現象学者だったら、このカクテルについて語ることができるし、それがそのまま哲学になるんだ」

サルトルはこの言葉には聞きいったという。

ここには、サルトルが求めてやまなかった哲学があった。一人ひとりの人間、人間と世界とのかかわり――それを語る哲学があったのである。

サルトルは一九三三年、フッサールについて学ぶために、一年間の予定でベルリンに留学する。

では、サルトルが心の底で描いていた哲学、本当に研究しようと思っていた哲学とは、どのようなものだったのだろうか？

実は、総じて実存主義という名前が与えられている哲学である。この哲学は一九世紀のデンマークの宗教的思想家セーレン・キルケゴールから生まれたものだが、キルケゴールの考えはこうである。

哲学が意味のあるものになるには、「現実に存在している個人」を出発点としなければならない。現実の世界から身を引いて、世界をたんに眺めていることなど、哲学の仕事ではない。「真理」をただ合理的に解読しようとすることなど、哲学とは関係がない。

キルケゴールによれば、真理は経験に解きがたく結びついているのであって、厳密な科学のようなものに哲学を変えてはならないのである。

かつては、哲学的にいろいろなことの確実さを求める場合には、認識論を拠り所としていた。認識論が、人間の知識の基盤を探究していたのである。

ところが、キルケゴールによれば、人間は考えるだけの存在ではない。推論ばかりしている心があって、それに肉体が張りついている——そんな存在ではないのである。

人間は知識を得ようとしているだけのものではない。知識を得ることを第一義的なものとしているのでもない。人間は欲望をもち、選び、行為し、苦しむ。そして、そのつどの経験に様々な色合いをつける幅広い感情を経験するのである。

こうしたものがなければ、人間は何も経験できない。人間であるかぎり、欲望をもち、選び、行為し、苦しみ、もろもろの感情を経験しなければならないのである。

キルケゴールによれば、本当の哲学なら、こうしたものをとり扱わなければならないのである。その本物の哲学というのが、実存の哲学、つまり「実存主義」である（この言葉はキルケゴールがつくった）。

したがって、キルケゴールの哲学は人間の非合理的な側面に重きをおくことになる。だから、これまでの哲学の議論を引っくり返すことになる。

このことをよく示している言葉がある。

「まず第一に理解しなければならないのは、自分が理解していないということである」

このキルケゴールにとっては、主観的なものが真実のものだということになる（したがって、真理は主観的なものになる）。哲学の目的は、世界の暗黒を照らしだし、説明することではない。一人ひとりの人間のあり方、実存を照らしだすことである。人間は自分を余すことなく意識し、その中で一度きりの命を生きなければならないのである。

しかし、ここで実存主義の本当の困難が顔をのぞかせる。自分の立場をはっきりと説明しようとすることで、かえって自分の立場をぐらつかせてしまうのである。明確な概念を用いた厳密な推論や思考といったものを、実存主義は否定する。が、このことで実存主義は自分自身の概念や議論も曖昧模糊《あいまいもこ》としたものにしてしまう。だから、合理主義的な立場から見れば、実存主義の議論は結局無意味なものに映る。

だが、キルケゴールは、合理主義者のそんな反論にひるまず、自分の主張を譲らない。

抽象的な原理について議論するのではなく、個々の特殊な経験に目を凝らさなければいけない。経験がその本質からして、個別的な性質を備えていることに注目しなければならない。そうすることでのみ、人間は自分の絶対的な自由を見てとることができるようになる。

なるほど、「なんでもできる」という可能性を感じとると、人間は不安に襲われてしまう。けれども、この不安そのものが、自由の自覚にほかならない。自分の人生を選ぶという究極の自由の自覚にほかならない……。

このキルケゴールが没して四年後に生まれたのが、ドイツの哲学者エドムント・フッサールである。現在ではフッサールの著作は、実存主義的な伝統を発展させたものだとみなされているが、フッサールは決してキルケゴールの直接の後継者だったわけではない。フッサールはいくつもの基本的な事柄において、キルケゴールと意見を異にしている。

たとえば、フッサールはキルケゴールと違い、合理主義的な哲学にある種の信頼を寄せつづけていた。少なくとも、合理主義の哲学の目標に信頼を寄せていた。事実、現代哲学の二つの大きな分流、つまり合理主義と経験主義の分裂を克服することこそ、フッサールの出発点だったのである。

合理主義の考え方は、その始祖である一七世紀のルネ・デカルトの言葉によく表われている。世界を体系的で合理的に説明するために、デカルトは確実さの源となるものを探りだした。「我考える《コギト》。ゆえに《エルゴ》、我あり《スム》」——これこそ最も確実なものだというのである。

経験主義の議論をかなり説得力に富む形で展開したのは、一八世紀のスコットランドの哲学者デイヴィット・ヒュームである。ヒュームの主張はこうである。実際に経験するものを除いて、人間が確実に知ることのできるものは何もない。因果律のようなものですら、確実なものではない。なぜなら、一つの物事が別の物事を引き起こし、その原因となっていることなど、人間は絶対に経験できないからである。人間が実際に経験していることは、一つの物事のあとに別の物事が続いて現われてくる、ということだけである。

二つの考え方のこの分裂を、フッサールは、どのようにして克服しようとしたのか？

双方の考え方の根底にひそんでいる根本的な層《レベル》。これを探しあてようとしたのである。

フッサールは高らかに宣言する。

体系的な思考に先立つ直接的な経験を分析することでのみ、論理学や数学のようなもの（すなわち理性的なもの）を支えている哲学的な基盤を発見することができる。人間は経験に直接に現われる現実、そしてその現実の直接的な現われ方に帰っていかなければならない。だが、このように帰っていくための方法は一つしかない。人間がいつも「あらかじめ想定してかかっているもの」、いうなれば「理論」に先立つ、意識の生の材料――これを分析するしかないのである。言いかえれば、自分たちの経験の根本的な現象を考察しなければならないのである。

このような現象を探る営みにフッサールがつけた名前が、現象学であった。

この現象学の方法によってフッサールがやろうとしたことは、哲学を厳密な科学に変貌させることである。現象学的な方法を用いれば、世界の客観性に関する偏見にとらわれずに、精神の活動を記述できるようになる。そのうえ、精神自身の本性に関する思い込みにとらわれずに、精神の活動を分析できるようになるのである。

かくして現象学は、自分の意識や知的活動のプロセスを細かく科学的に吟味しなければならなくなる。そうしたときにのみ、「究極レベルでの経験という現象」や「あるがままの経験」を見つけることができるからである。

こうした現象学について知見を深めることで、サルトルはかつてのアロンの言葉をよく理解できるようになる。かつてアロンは、カクテルについて語ることがそのまま哲学になる、といった。結局、カクテルとの出会いに含まれる現象を吟味することで、哲学的な結論を引きだすことができるということなのだ。経験というものの本性はどのようなものか。世界や人間のあり方の本性はどのようなものか。存在そのもの、実存そのものの本性はどのようなものか——それらについて、哲学的な結論を引きだすことができるということなのである。だからこそ、この哲学を実存主義の哲学と呼ぶこともできないわけではないのだ……。

「せいぜい、おもしろいひとときを過ごすんだな」

古《いにしえ》の中国では、他人に呪いをかけるとき、このような言葉を使うことがあったらしい。呪いをかけられたのかどうかはわからないが、一九三三年のベルリンは、これ以上ないくらい「おもしろいとき」だった。

サルトルは九月にベルリンに到着するが、その前にヒトラーが選挙に勝利し、政権の座に就いている。翌年には、ヒトラーは権力の基盤固めにかかり、突撃隊を街に繰りだし、ナチスの旗をなびかせる。焚書《ふんしょ》も行なう。労働組合を解散させる。大学や公的機関からユダヤ人を追放する……。

のちに時代を代表する政治的思想家になる若者にとって、これはまさに理想的な学習の場だ。少なくとも、そう考えてもおかしくはない。

ところがサルトルには、もっと「おもしろい」ものがあったのである。その「おもしろい」研究対象とは、自分自身の意識にほかならない。

多くの記録から判断するかぎり、ベルリンでのサルトルは、自分の意識の分析にしか目が向かなかったようである。ひたすら、自分の経験の中の純粋な現象を見きわめようとしていたらしい。そのあいだに現実の世界では、様々な文化施設が破壊されていった。

サルトルには、現実という現象への関心が欠如していたのである。意識の外で実際に何が起きているか。物事は（理論的にではなく）実際にはどのように動いていいるのか。こうしたことに対する関心が欠如していたのである。そしてこのことは、サルトルの哲学的活動全体を貫く大きな特徴となっていく。たしかに、実存主義的認識論や現象学にとり組んでいるときなら、この欠点もあからさまに表われずにすんだ。しかし、政治的な哲学に深く立ち入るにつれて、はっきりと浮かびあがってくることになる。

一九三四年になると、サルトルはル・アーヴルに戻り、ふたたび教鞭を執る。このころから、サルトルは現象学的探究に関するノートをとり始める。その草稿を小説という形にまとめたらいいのでは？　ボーヴォワールはサルトルにそううながした。こうして成立したのが『嘔吐《おうと》』と呼ばれるようになる小説である。

この小説はロカンタンという主人公の自伝のようなものとなっていて、ブーヴィルという港町でのロカンタンの漫然とした生活ぶりが描かれていく。大きな出来事など何も起こらない。それでも、「人間というものの生の条件」や「実存の状況」の描写という点でいえば、この小説の右に出るものはない。読む人を引きずりこむような力をもっている。

だが、そればかりではない。『嘔吐』は、きわめてまれなジャンルの作品となっている。哲学的小説でありながら、抽象的でもなく、説教をたれるような調子も見受けられないのである。それでいて、実存主義が何であるかの深い意味が明かされるのである。

この小説でサルトルが掲げている課題は、実に意欲的なものである。

「私とは何か？」

この根本的な問題を、サルトルは提出するのである。

ただし、サルトルはこの問題に知的な解答を出すことを拒絶する。サルトルにとって問題の答えは、実存の実感を記述し、実存のはっきりとした実感を呼び覚ますことにある。

また、現象学的探究を進めていく中で、サルトルは偶然性という概念の枠を広げるようになる。ヒュームは、人間が因果関係のようなものを経験することはない、といっていた。この議論を広げると、「必然性という代物は、人間の心の内に存在するものであって、客観的な対象世界の内に存在するものではない」ということになる。換言すれば、人間が必然性を現実のうえに押しつけているのである(このように必然性を押しつけることは一つの思い込みや仮説にほかならない。なるほど、この思い込みは人類の発展にとって欠くことのできないものだったかもしれない。が、たとえそうだとしても、必然性が現実には存在しないということにかわりはない)。

ヒュームはこのようなものをすべて知的にとらえていた。それに対して、サルトルは経験的に、つまり生活に結びつける形でとらえようとした。

これがサルトルの天才的な点である。

すべては偶然的だ。人間の存在や人間の生活は、偶然性の海につかっているではないか！

そういうのである。

このような観点から世界と人間を眺めるなら、因果関係や必然性のようなものは消え去っていってしまう。因果関係や必然性は世界を覆う皮膚のようなものであるのに、その親しみのある皮膚が溶けて剝《は》げてしまうのである。

たとえば、鏡を見たときどうなるか？

最初は、親しみのあるものを見出すだろう。ところが、長く見つめれば見つめるほど、目を凝らせば凝らすほど、親しいものが消え、よく知らなかったものや得体の知れないものが浮かびあがってくる。同じような得体の知れなさは、存在の全体に対しても広がっていく。だから、人間の存在には、確実さや必然性などありえないことになる。

けれども、世界が偶然的で奇怪なものであるということは、人間はこの世界の中で自由であるということである。

だが、かつてキルケゴールも示したように、世界が偶然的で自分が自由であることに気づくと、人間は不安を感じる。『嘔吐』のロカンタンにとって、つまりサルトルにとって、この不安は「嘔吐」として姿を現わす。「嘔吐」とは、自分自身に関する風味であり、存在というものの味わい《フレーバー》なのである。

この現象学的な探究がクライマックスに達するのは、ロカンタンがマロニエの木の根に向かいあって、その根を「経験する」有名な場面である。マロニエの木の姿が突然異質なものになって、そこに引きずりこまれそうに感じる。

ここでは実存の意味合いが、鏡の中で自分の顔が得体の知れぬものに見えるケースよりも、いっそう深く掘りさげられていく。

「マロニエの木から、抽象的な概念《カテゴリー》につつまれた穏やかさが消えた。糊《のり》のようにべとべとした現実というものが浮かびあがってきた。……目に映る物事の多様性、物事の特殊性や個性などは、幻想にすぎない。たんなるうわべの見せかけにすぎなかった。この見せかけが剥《は》がされ、湿った固まりのようなものが現われてきた。混沌としていて不気味なものである。何もかもが剥《は》ぎとられている。恐ろしいほど、そして淫《みだ》らなほど剥《む》きだしだ」

突きつめれば、現実とはねばねばしていて、いやらしいものなのである。

このような経験をしているとき、ロカンタンは「意識そのもの」となっている。そして、この意識とともに、「現実がまったく不条理なものである」ことが明かされるのである。

しかし、これも知的で合理的な認識ではない。

「不条理とは、精神の中にひそむ観念でも、口に出された言葉でもない。私の足元のこの朽ちた長い蛇、木製の蛇こそ、不条理なのである。……私は、存在というものに対する鍵、私の嘔吐への鍵、私自身の人生に対する鍵を見つけたと確信した。……私は絶対的なものを経験した。絶対的なもの、つまり不条理を……。このざらざらした巨大な脚を前にすれば、もはや何かを知るとか、何かを知らないとかいうことは問題ではない。説明と合理の世界は、存在や生命の世界ではない」

こうして、サルトルは気づく。

「人間というものは、今というこの時にあるものである。人間は現在という時制の中にしか存在しない」と。

人生の意味を探ろうとしている人にとっては、ここから重要な帰結がさらに引きだされてくる。

「人間は生きているかぎり、人生を見通して、人生全体を視野に収めることはできない。生というものは知らないうちに、背後から忍びよってくる。気がつけば、人間は人生の中に投げこまれているのである」


サルトルは『嘔吐』の草稿を何種類も書いているが、その合間にいくつかの短編ものしていく。

これらは『嘔吐』ほど哲学的に深くはないものの、「実存主義的な味わいを強くもっている。そこで描かれていることも、『嘔吐』とは対照的である。自分自身の人生に対する責任を回避する試みが描かれていく。

そうした作品群の中で傑出しているのは、『壁』である。ここでは、処刑を前にした男が目の前の人生を見すえようとはしないさまが、描かれていく。現実の自分の状況から目を背けるのである。

サルトルは勤勉な男である。こうした作品ばかりでなく、哲学的テーマを直接に論じた著作も書いていく。そこでは、フッサールの現象学的方法を、感情や想像力に応用している。

しかし、現象学的アプローチで何もかも解き明かされるわけではない。『情緒論素描』で、もうそのことが露呈している。

現象学は剥《む》きだしの存在を見透かそうとするが、感情はこの現象学的な透明性をくもらすものだとみなされる。感情は、偽りと欺瞞《ぎまん》に満ちた「魔界《マジカル・ワールド》」を創りだすのである。そうした感情の理論を構築するさいに、サルトルは感情についての心理学をつくろうとはしない。サルトルにとっては、心の有様《ありよう》や心理は人間の本質的な要素ではない。「哲学的な透徹した視点」に従属するものなのである。

しかし、考えてみよう。

なるほど、感情ではなく、理性を使えば、現象学的な透明性に到達できるかもしれない。だが、現象学的視点でとらえようとしている対象、普通の人間は、どうだろう。合理的で理性的な状態にあることなど、まずありえない。

そればかりではない。たしかに、サルトルがいう「意識そのもの」には、知性が含まれているかもしれない。活発に動いていないにせよ、知性が含まれているかもしれない。けれども、ねばねばした、いやらしい裸の現実には、感情が満ちあふれている。

同じようなことは、他の側面にも現われる。首尾一貫して自分の人生に責任を負おうと思ったら、そして実際に責任を負うように行動したなら、感情的なものや人間の心理が関係してこないわけがない。

人間が感情や心の有様から自由になろうとしたり、感情から自由であるかのように行動することは、望ましいことかもしれない。しかしながら、そのような自由に完全に到達することはできないのである。

とはいえ、感情の背後に隠れてはならないというサルトルのメッセージは、行動の哲学への処方箋を与えてくれている。しかも、実に勇敢な処方箋である。このことは間違いのないところであろう。

さて、ボーヴォワールはルーアンの近くの女子高校で職を得て、週末になると相変わらずサルトルと落ちあっていたし、平日には長い手紙をやりとりしていた。

そうした二人の関係は、当初の願いどおり、まったくオープンなもので、なんの秘密もなかった。

だが、この完全な透明性もやはり、秘められた心の綾から完全に解放されていたわけではない。相手のことを探りだそうとする行動も垣間見られるようになる。「必然的」であるはずの関係も、秘密をもたないこと以外、なんの実りも結ばないでいたのである。

肉体的交渉すら、二人のあいだにはもうない。三〇歳のサルトルは若い女に触手を伸ばしていた。

もちろん、ボーヴォワールはこのことを知っていた。サルトルは本当に何も隠していない。そう、サルトルは本当に、何もかも語っていた。その様子まで詳しく……（このことでボーヴォワールのレズビアン的要素が目覚めたようにも見える）。

おそらくは、ボーヴォワールはサルトルの情事をコントロールしようと思ったのだろう。自分の一七歳の生徒をサルトルに紹介する（しばらく自分で楽しんだあとの話だが……）。少女はワンダという名前のロシア系ハーフで、長いブロンドの髪をなびかせていた。気質や趣味もめちゃくちゃだったようで、スピノザをひもとくこともあれば、真冬に裸足《はだし》で歩きまわることもあったらしい。サルトルはこのワンダのあとには、ワンダの妹オルガに手を出す。

このように、サルトルとボーヴォワールのあいだにかぎっていえば、透明性が保てたかもしれないが、ほかの人間がからむところでは、ごまかしやずるさが入りこんできていたのである。そのずるさは、皮肉なことに、偏狭なブルジョアの偽善的振舞いと甲乙つけがたいといえるのではないだろうか……。

さらに、透明性へのサルトルの探究は、ほかのところでもうまくいかなかったように見える。イギリスの小説家オルダス・ハクスリーのようなパイオニアが手を染める以前に、サルトルはメスカリンを試している。『嘔吐』に描かれたマロニエの木の根の様子《ヴィジョン》は、この薬《ドラッグ》の幻覚作用の影響下で得られたものである。

現実の究極的な姿が「ねばねばしたいやらしいもの」に映ったのは、メスカリンのなせる業《わざ》なのか？　サルトルの心理学によって、そう解き明かされたのか？　このことを判断するのは、かなり難しい。そのうえ、ある意味ではそんなことはどうでもいいことである。『嘔吐』はフィクションとして描かれている。それに、サルトルの天才によって描きだされた幻覚《ヴィジョン》は、現象学の透明性（によって突き崩された現実）の最高の比喩《メタファー》となっているのである。

（もっとも、このような比喩《メタファー》にたどり着いたのは、サルトルが最初ではない。文学は芸術に遅れをとっているのである。実は、サルトルの四半世紀も前に、キュービズムがサルトルと同じような卓抜な比喩《メタファー》を用いて、現実についての人々のイメージを突き崩している）

一九三七年、サルトルはパリの高等中学《リセ》の職を得て、最愛の地、セーヌ左岸に帰ってくる。そして、ふたたびカフェで思索を巡らし、仕事に打ちこむようになる。カフェで仕事に励《はげ》むのは、気取りでもなんでもない。セーヌ左岸のカルチェラタンは学生街として、一五世紀の詩人フランソワ・ヴィヨンの時代以来栄えていたため、建物の多くは、かなり老朽化していた。暖房、厨房、配管といった生活のための基本的な設備すら事欠く建物が多い。ここに住むとなると、多くの時を家の外で過ごすしかない。無数あるカフェや安いレストランに行き、生活上の不便を補うしかなかったのである。

翌一九三八年四月、ようやく『嘔吐』が公刊される。その数カ月後には、短編集『壁』が出版される。どちらの作品も批評家から好意的に受け入れられ、サルトルはカルチェラタンの次世代作家としての名を確立する。

一九三九年には『情緒論素描』が発表される。この作品のほうはその前の二つの作品ほど高い評価を得ることはできなかったものの、サルトルの名を巷《ちまた》で高めることには貢献している。

サルトルはこうして大きな名声を得る寸前まできていたが、彼をとり囲むヨーロッパの状況のほうは戦争が勃発する寸前まできていた。しかし、サルトルの考え方は楽観的であった。一年間ベルリンで生活して、ヒトラーの進出の背後にひそむドイツの現実を知っているつもりだったのである。

「ドイツ人の心の内ならよく知っている。ヒトラーが戦争に乗りだそうとすることなど、ありえない」

友人にこう語ったのである。しかしその翌日、ヒトラーがポーランドを侵攻する。フランス軍がすぐに動員され、ドイツ軍の侵攻から二四時間もたたぬうちにヨーロッパが戦火につつまれる。サルトル自身も召集される。

のちにサルトルは「戦争を境にして、私の人生は二つにわけられる」と語ることになる。戦争の体験がサルトルをすっかり変えるのである。

戦争では、サルトルは東部戦線の気象班に配属され、ライン渓谷を監視することになる。けれども、ドイツ軍がここを攻めてくることはありえないと考えられていた。東側の最前線は、難攻不落のマジノ戦線によって守られている。近代的な防御網の粋を集めたといわれるものである。砦《とりで》が延々と続き、コンクリートの掩蔽壕《えんぺいごう》とトンネルが掘られている。北はベルギーの近くから南はスイスのほうまで、砲台が並んでいた。

ところが、何もかもが近代化されていたわけではない。この戦線の主要な通信手段の一つが、相も変わらず伝書バトだったのである。そのうえ、フランス軍の予備兵の中には、「兵卒サルトル」のような男が数多くいた。

ここで「兵卒サルトル」が何をしていたかといえば、気象観測用の気球を一日に何個か空にあげるほかは、仕事に没頭していたのである。しかし、この仕事というのが軍隊の仕事ではない。次の小説を練ったり、「本当に偉大な」哲学の本を仕上げるためにハイデガーを研究したりしていた。

（ハイデガーの本は、ドイツ人にすら暗号としか思えないような難解な本である。サルトルは戦争中にそのような本を読み耽《ふけ》っていたのである。ということは、一兵卒がドイツの本を読んでいても、愛国心に燃えた戦友も、将校も気にとめなかったということになる）

このような状況の中で、サルトルは、実存主義的な思想を急速に発展させていく。毎日のように送りつける手紙で、サルトルはボーヴォワールに説いていく。人間は、自分の人生への全責任を負わなければならない。一人ひとりの人間が自分で自分の運命を欲している。

自分の性格は自分で望んでいるものなのである。自分の性格が活動する状況すら、自分で欲しているものなのである。

この考えを論理的に突きつめていけば、奇妙な結論も出てくる。しかし、そんなことにひるむサルトルではない。ボーヴォワールに率直にこう語る。

そう、このことは、一人のこのおれがすべてに対して責任があるということなのだ。

ということは、サルトルは第二次世界大戦に対しても責任があるということになる。サルトルはこの責任を積極的に引き受けなければならなかった。そして、それなりの行動をしなければならなかった。

　のちのサルトルの言葉を聞いてみよう。

「これはおれの戦争だ。戦争は、おれのイメージの中にある。おれこそ、この戦争を受くるに値する人間なのだ。……おれがこの戦争の全責任を負っているかのように、すべてが生起していく。……そうなのだ。おれこそ、この戦争そのものなのだ」

　一見したところでは、こんな立場は滑稽《こっけい》以外の何物でもないように見える。けれども、話はそう簡単ではない。はるかに説得力があるように見えるほかの哲学的立場と比べてみても、遜色《そんしょく》ないどころか、もっと強く弁護できる立場なのである。


（ニヒリズムやヴィトゲンシュタインの立場と比べてみるだけで、このことがわかるだろう。たとえ

ばヴィトゲンシュタインは、すべての哲学は言葉の誤った使用に基づく誤解にすぎない、とまでいっているのである）

それだけではない。

すでに述べたように、サルトルの実存主義はヒュームの経験主義とデカルトの合理主義の双方にルーツをもっている。が、この二つの立場とも、その極端まで押し進めていけば、寂しい独我論に滑り落ちていってしまう。

（ヒュームの場合、他者の存在を本当に経験することはできないことになっている。デカルトの場合はどうかといえば、「我考《コギト》える。ゆえに《エルゴ》、我あり《スム》」以外のものがみな不確かなものならば、他者の存在も不確かなものになる）

ところが、サルトルはこの問題に勇敢に立ち向かい、ヒュームとデカルトの考えの帰結をひるむことなく引きだすのである。出てくる結論は常識に反するかもしれない（しかし、たいていの哲学理論は常識に反しているし、現代の科学理論もそうである）。だが、人間が自分の意識をあくまで忠実に見すえ、すべての先入観や思い込みをとり払えば、サルトルの立場は充分弁護できるものになる。

そのうえ、これは実に勇敢な立場である。ニーチェ的ともいえる毅然とした態度と楽観主義に満ちている。

これが私の運命か。よろしい。運命を最大限に利用してやろう。私が自分の人生を自由に変えることができるなら、私は自分の人生に責任を負わなければならない。

けれども、人生に責任を負えないと思えるようなケースも出てくるだろう。多発性硬化症に罹《かか》った人間、鎖につながれて地下牢に押しこめられた人質などの場合などは、そう見えるだろう。だが、そんな人間ですら、サルトル流の実存主義的態度に鼓舞されないとはいえない。ベイルートで人質にされ生き残った人や、スティーブン・ホーキングのような人間は、実際に鼓舞されたのである。彼らは、運命によって定められたことを受け入れるが、自分の手に残った自由で自分の運命を克服しようとする。ある意味で、自分の人生全体に対する責任を担おうとするのである。

こうしたサルトルの立場に、伝統的な哲学者たちは異議を唱える。哲学の仕事は現実の有様を記述することであって、現実がどうあるべきかを告げることではない、というのである。現実がどうあるべきかを語ることは、道徳的な観点からは望ましいことかもしれないが、哲学の仕事ではない、というわけだ。

しかし実存主義は、哲学を現実の行為に関連させる。だから、実存主義は「生きるための戦略《ストラテジー》」にも見えてくる。少なくとも、実存主義にそうした要素がないとはいえない。
（こうなると、実存主義は道徳的に何かを押しつけるようなものに見えてくる。だが、「道徳的な正しさ」についてのサルトルの考え方は、この段階ではかなりオープンなものになっている。この時期の実存主義を「仮面をかぶった道徳体系」だということはできない。サルトルの実存主義が「仮面をかぶった道徳」のようなものになるのは、のちにサルトル流の実存主義がもっと社会に深く関与するようになってからのことである）

そのあいだ現実の世界では、ヒトラーがベルギーを侵攻したあと、マジノ戦線を迂回し、フランスに攻め入る。サルトルにとっては、ヒトラーは、たんなる実存的条件のひとこまにすぎなかったが、そんなことは、ヒトラーには知る由もなかった。

結局、一月もしないうちに、フランス軍の伝書バトによる通信が途絶えるはめになる。なぜなら、兵卒サルトルが自分自身の降伏とフランス軍の降伏を望んだのだから（——サルトルの実存主義の立場からすれば、そうなる）。

この結果、サルトルはハイデガーの母国で、彼の哲学を学べるようになる。捕虜キャンプで、ハイデガーの研究にいそしむのである。

まわりの環境は容易ならざるものだったが、サルトルはあくまで自分の読書プログラムを遂行した。最前線で母国を守っている兵士のように、黙々と飽くことなく……。

ハイデガーは重要な位置を占める哲学者であって、実存主義をフッサールの現象学より一歩先に進めている。

このハイデガーの主著は、一九二七年に公刊された『存在と時間』である。

この本でハイデガーは、デカルトやヒュームといった伝統的な立場を否定していく。

一人の人間としての私は、世界の客観的な観察者ではない。また、そんな観察者になるのは、不可能なのである。

ところが、デカルトもヒュームも人間を客観的な観察者として捉えている。デカルトの場合、「自分が考えている」ことを最も確実なものとする人間、ヒュームの場合、「自分が経験している」ことを最も確実なものとする人間であって、どちらも世界の客観的観察者のような人間となっている。

しかし、このように考えるのは誤っている。「私」が自分についてまず第一に知ることとは、自分が世界の真っただ中にいるということなのである。

ハイデガーはこう主張する。

それなら、ハイデガーにとって確実なものとは何か？

「私」の「現存在《ダーザイン》」である。

では、「現存在《ダーザイン》」とは何か。

文字通りには、「そこに《ダー》」「ある《ザイン》」ということである。もっとわかりやすくいえば、「私が世界の中に存在している（世界内存在）」ということになる。

ハイデガーは「存在」というものを、（思索や経験による）「認識」や（この認識から生じる）抽象的な概念と対比させる。ハイデガーによれば、こうした抽象的な概念では、私の「世界内存在」の独自性を捉えることができない。
が、本当はこの世界内存在を捉え、世界内存在について深く自覚することこそ、哲学の仕事なのだというのである。

こう見てくると、ハイデガーの主たる関心は、「存在の問題」にあることがわかる。

この存在の問題を追及する過程で、ハイデガーはフッサールの現象学的概念まで捨て去る。現象学はすべての仮定から解放された「意識の活動」を明らかにしようとするが、そんなものは人間の認識の根拠にはなりえない。「世界の内にいる」ということが、まず人間に意識される。「存在の意味の問題」にアプローチするためには、この「世界の内にいる」ということを出発点にするほかないというのである。

しかし、自分の存在について深く理解しようとしても、無数のつまらない事柄に邪魔されてしまう。「世界の内に存在している」以上、日常生活を送らざるをえず、人間の心を惑わす些末な事柄がどうしても出てきてしまうのである。

だがハイデガーによれば、それでも「存在」というものの意味を理解することが可能だという。

　どのようにしてか？

「あらかじめ死へ向けて駆けだせば、偶然的で『暫定的な』可能性をすべて消し去ることができる。……自分の実存が有限であることがつかめるなら、次々と現われてくる雑多で身近な可能性から目を背けることができるようになる。つまり、安楽さ、気楽さから目を背け、責任から逃避しないようになる……」そして、この「本来的な覚悟」の域に達するためには、死に向かって自由に開かれていなければならない。

　ハイデガーはこう言うのである。

　ドイツ人でもなければ思いつかないような思想かもしれないが、何とも立派な考えである。

だが、少しばかり安楽さや気晴らしを求めて、なぜいけないのだろう？

ハイデガーの答えは、そんなことをしていては存在の意味が理解できない、というものである。

しかし、そもそもなぜ存在の意味など理解しなければならないのだろうか？

言葉を換えよう。

存在の意味を理解する活動、あるいはそれを記述する言葉というものに、いったい何か意味があるのだろうか？

ハイデガーはいつものように、ここでも明確な定義を与えず、すべてを曖昧なままにしておく。

はっきり言おう。

ハイデガーは曖昧な事柄や概念を説明するために様々な特殊用語《ジャルゴーン》をつくりだ

し、一つひとつの言葉を神秘化してしまっているのである（ハイデガーの意図に反しているかもしれないが……）。

例を挙げよう。

「現象的に根源的に時間性が経験されるのは、現存在の本来的な全体存在において、つまり先駆的覚悟性という現象においてなのである」

あるいは、

「自己指示的な理解が行なわれている場は、存在するものを適材性というあり方で出会わせる場としてあるかぎりで、世界という現象なのである」

これらにしても、ハイデガーのテキストの中でとくにわかりにくい箇所というのではない。この程度では、まだまだ充分に理解可能なのである……。

ハイデガーのもっとわかりやすい側面に目を向けよう。

ハイデガーの生活は二〇世紀前半の多くのドイツ人の目に、安楽さや気楽さの縮図と映ったことだろう。ハイデガーは、黒い森《シュヴァルツヴァルト》の設備の整った山小屋で、大学教授の生活を送っていたのだから。

そのうえ、ナチズムに対するハイデガーの態度を見ると、逃避的な態度が見受けられる（どんなに控えめにいっても……）。ハイデガーがナチ時代を安易に考えていたことは間違いない。その時代のことについて、あとでなんの言い訳も弁明もしなかったのだから……。

とはいえ、ハイデガーの哲学の強みと弱みを、彼という人間の強さと弱さと同一視してはならない。少なくとも、サルトルは同一視しなかった。ここで重要なのは、まさにそのことなのである。

それにしても、ハイデガーの議論を額面どおり受けとることは難しいことが少なくない。

安楽さを避け、物事に真正面から立ち向かい、人生を真剣に受けとろう、とハイデガーは説く。ここには人生や世界に対するある種の真剣な思い込みがある。が、そのような真剣な思い込みは、現代人の多くがまったく納得できないものである。

たとえば、今の時代は、ニーチェの「神は死んだ」という言葉の余波を受けている。新たな時代の到来を告げるこの言葉の影響を受け、今では多くの人が、人生全体を貫く目的などないと考えている。絶対的な善もなければ、絶対的な悪もない。人生に超越的で絶対的な価値や意味などあるはずがない、というのである。

こうなれば、ハイデガー流の思い込みなど、無益なものになる。それどころか、世の中のことが途方もない冗談にすら見えてくる。

事実、アフリカでは何百万人もの人々が、なんの罪もないのに、飢えと渇きでこの世から消えていっている。

その一方で、才能も覇気《はき》もない、陽気さだけが取り柄のつまらない人間が、世界でいちばん影響力をもつ地位に昇りつめたりする。

そんな状況の中で、最高に真剣な生活にひたる特権を要求する権利がわれわれにあるとでもいうのだろうか。

それだけではない。

われわれはかなりの時間を「逃避的」に過ごしている。つまり、生活を営むうえでの困難や苦労を避け、人生の究極の問題を真正面から見すえないでいる。

しかし、「逃避」といわれているものの実質は、たいていの場合、「楽しい思い《エンジョイ》をする」ということである。だが、「楽しい思い」をすれば、幸福になれる。そして幸福こそ、アリストテレスから現代の哲学まで、まともな哲学が最終的目標にしていたものにほかならない。

それに、「人生を楽しむこと」あるいは「逃避」といっても、その範囲はかなり広い。高尚な書物に親しむことからウールのソックスを編むこと（ハイデガーの有名な趣味）まで、実に多岐にわたっている。一概に評価できるものではない。「安楽さ」や「快適さ」についても、同じことがいえる。むげに否定することはできないのである。そもそも「安楽さ」や「快適さ」がなければ、文明も思想も何も生まれなかったにちがいない。数学の推論からオペラや安フルートでの感動的な演奏まで、およそ文化というものが創られるためには、「安楽な」時間や「快適な」時間が必要なのである。

ここで少し個人的な体験を述べさせていただこう。

山小屋の鍵をなくしたので、ウールのソックスもはいていないのに、黒い森の雪の中にとり残されたときがある。このとき私の思いは、「存在の問題」に向かった。とはいえ、ハイデガーが考えていたような問題ではない。ぬっと現実的で差し迫った存在の問題であった……。

べつにふざけた例を挙げているわけではない。雪に覆われた森の中で寒さに凍りついた私の考えも、ハイデガー的に考えれば、本当に重要な問題からの「逃避」ということになるのである。ハイデガーの哲学はデカルトの哲学と同じで、思考や思惟をほかの何よりも優先させたにすぎないのである。

サルトルはこのことを理解した。そして、存在に関するハイデガーの深い分析をたんなる思想から行動へ移すことこそ、自分の仕事だと考えるようになる。

そこで、まずキルケゴールの実存主義にまで戻ることにする。そこでは、主体的な生活に焦点が合わされ、一人ひとりの人間の選択や行動が主題化されているからである。

だが、哲学や思想を行動とかかわらせる前に、サルトルという人間そのものが行動を起こさなければならない。捕虜収容所から出なければならないのである。これが実現したのは、一九四一年三月のことであった。伝説によれば、サルトルは脱走したことになっている。しかし実際は、健康診断書を偽造して、温情措置に訴えたのである。サルトルは釈放され、パリへの帰還を許される。

サルトルが本当に脱走したのなら、ドイツ軍が彼にパリへの旅券を発行することなどありえない。また、サルトルは自分の身分をひた隠しにしたことであろう。ところが、サルトルに身を隠した様子はない。ふたたびパリ郊外で教職に就き、ボーヴォワールの家のすぐ近くに住居を移すのである。

ナチ占領下のパリは物資がかなり乏しい状況にあったが、サルトルは『存在と無』を書き始める。これはサルトル哲学の金字塔となる作品である。

これは尋常な作品ではない。まず分量からして、普通ではない。最終稿は七〇〇ページ以上にも及んでいる。計算してみると、一キログラム以上の紙が必要だったことになる。考えてもらいたい。戦時下の物資の乏しい街で、これだけの紙を手に入れるのは容易なことではない。もみ殻やおが屑からできたパンさえ、手に入れるのが難しかった時代なのである（もっとも、サルトルの書斎代わりとなっていたカフェでは、樫《かし》の実をすり砕いて挽《ひ》いたコーヒーをまだ飲むことができたが……）。

『存在と無』は表題からわかるように、ハイデガーから強い影響を受けている。影響されたのは着想ばかりではない。通常は明晰な散文を書くサルトルが、この著作では特殊用語《ジャルゴーン》の泥沼にはまりこんでいるのである。とはいえ、サルトルは本当に創造的な思想家である。ハイデガーの用語をそっくり用いるような真似はしない。自分でも難解な用語をつくりだすのである。

だが、幸いなことに、サルトルの基本的なメッセージは明瞭であった。誰の目にも容易に飛びこんでくるものであり、実存主義につきものの回りくどさもあまりない。

この『存在と無』が普通の哲学書でないことは、サルトル自身がボーヴォワールに説明している。

「退屈な箇所も少しはあるが、気の利いた箇所も少しはある。……そのほかの部分は、お尻の穴《アヌス》とイタリアン・スタイルの愛に焦点を合わせている」

読者を失望させないためにいっておこう。ここでは、もっぱらこの著作の哲学的側面に目を向けていく。

初めに『存在と無』という表題から説明しなければならないだろう。この表題は、人間の意識（欠如状態、無）と物事（存在）との違いを示している。

サルトルの言葉を聞こう。

「意識は……まったく空虚なものである。なにしろ、世界はすべて、意識の外にあるのだから」

意識は物質世界の外にある。だから、機械論的決定論の領域の外にあるのである。ということは、意識は自由だということになる。

ここで、サルトルの「存在」とハイデガーの「存在」の相違が出てくる。

サルトルにとって「存在」とは、人間の意識的な存在のことである。つまり、世界についての自覚を組織化できる存在のことである。意識に関していえば、フッサールの現象学の意識は、芸術家や予言者だけがもてるような鮮明で強烈な意識であった。そこでは意識は、「恩寵と愛に満ちた聖域であるとともに、恐怖や威嚇《いかく》に満ちた危険なもの」でもあった。

しかし、サルトルは思索をさらに押し進める。

意識を深く掘りさげるだけでは、自分自身を根本的に自覚することはできない。そう考えるのである。それゆえ、メスカリンによる幻覚《ヴィジョン》で、自分自身を自覚することはできないことになる。自分を知るには、行動を引き起こさなければならないのである。

けれども、この行動や選択は高尚で清らかな意識のうちで起こされるのではない。具体的な現実のうちでなされる。

「路上で、街で、群集の真ん中で起こされる。様々な事物の中の一つのもとで、多くの人間の中の一人のもとで引き起こされるのである」

サルトルにとって、「意識」はハイデガー流の「存在」よりも根本的な地位を占めているのである。だが、意識は真空地帯に存在するわけではない。意識は必ず、「ある何ものかについての」意識なのである。

この点をきっかけにして、サルトルの哲学が行動の哲学へと移っていく。

ハイデガーと異なり、サルトルの関心は存在の本性にそそがれるのではない。存在の二通りのあり方に目を向けていく。この二つをサルトルは、「即自存在（自分自身のもとにある存在）」と「対自存在（自分自身と向かいあっている存在）」として区別する。意識を欠いているものはすべて即自存在に数え入れられている。対自存在に数え入れられるのは、意識である。事物の世界や因果律から自由な意識こそ、対自存在にほかならない。

こう見てくると、サルトルもハイデガーと同じように、結局はデカルト的な考えに戻り、思考や意識を確実さの源としているようにも思える。だが、サルトルはデカルトとは違う。サルトルのいう「意識」は、知識を生みだす思考回路ではない。対自存在が何かを純粋に認識することはないのである。「純粋な認識の営みなどという考えは矛盾している。認識の営みはつねに、何か特定のものに関与している」

対自存在、つまり意識は、一定の目的に即した知覚であり、何かを選択し行為するものなのである。

サルトルの言葉を用いれば、「意識は欲望としてあるのであって、自分自身を選択する」ということになる。わかりやすくいえば、意識は選択や決断ということを通じて、自分自身を創造していくのである。

サルトルは自分の全哲学を、個人の選択の自由という着想のうえに築いた。一人ひとりの人間が自分自身を選んでいくのである。しかも、この自由が押しつぶされることはない。何もかもが束縛されているように見える歴史的状況下においても、人間はこの自由を保持している、というのである。

このような哲学には、自由を情熱的に信じていた男の信念が映しだされている。しかし、それだけではない。この哲学には、当時の歴史的状況が反映されている。

当時、フランスはドイツに占領されていた。他国の軍隊に占領された状況では、自由よりも尊いものはないではないか！

事実、「自分を選択する自由」に関するサルトルの主張や分析には、戦時中ならではの特徴が至るところに見られる。サルトルの哲学は勇敢な抵抗の哲学にほかならないのだ。

「おれが軍籍に入れられている以上、これはおれの戦争だ。戦争は、おれのイメージの中にある。おれこそ、この戦争を受くるに値する人間なのだ」

　戦争の敵については何も言及されていない。サルトルにとっての敵は別のところにあった。与えられた環境や現状をそのまま受け入れ、群集に同調し、自分で選択するということを行なわないこと、これこそサルトルの敵なのである。言い換えれば、「他者」つまり自分自身の意識とは違うものを認めることこそ、敵だったのである。

　けれども、これは実に奇妙で不合理（不条理）なことである。しかし、サルトルは人間のおかれた状況を不条理なものと考える。

人間の試み、一人ひとりの人間の努力も、突きつめて考えれば、無益なものにすぎなくなる。究極的な善もなければ、究極的な悪もない。すべての判断の基準となるような超越的な価値もない。

こういうのである。

ここにも、ナチズムの非道徳的な支配の影響が見られる。

だが、人間の窮状に関するサルトルの分析は、ナチズム支配下のパリ以外にも応用できる。なるほど、五〇年ほどの時が流れ、今の人間のおかれている状況はナチズム時代ほど過酷なものではなくなっている。けれども、（もしサルトル流の無神論を受け入れるなら）人間のおかれている基本的な状況は何も変わっていないはずである。少しは楽観的な見方をしたくはなるが、人間のおかれた状況はあくまで不条理で無益なものなのである。

「不条理」と「無益さ」――これは実存主義者のお気に入りの言葉というより、

陳腐な決まり文句にすらなっている。カルチェラタンのカフェにたむろする素朴な哲学者のあいだでは、この二つの言葉は合い言葉のようなものであった。人生が不条理に満ちた無益なものと思わないなら、実存主義者になることはできなかったのである。

こう見てくると、この二つのキーワードについて少し詳しく考察するのも悪くないように思える。実存主義者は、人間の状況をどのような言葉を使って説明しているのだろうか。

「無益な」という言葉は、「水差しからあふれる」とか「漏れる」とかいう意味のラテン語から派生している。

「不条理」という言葉はもともとは「調和していない」という意味であったが、今では「道理や習慣に合わない」という意味になっている。

しかしながら、英語での「不条理《アブサード》」という言葉の使い方を見ると、他のヨーロッパの言葉の使い方にはまったく見られないユーモラスな意味合いも感じとれる。ハイデガーにとっては、人間の境遇は、これ以上ないくらいの真剣さに満ちたものであった。サルトルにとってすら、ただの笑いごとではすまないものであった。

何とも皮肉なことではないか！

実務的態度とユーモア感覚が幅を利かせている英語圏でこそ、実存主義が必要であろうに、真面目くさった大陸圏で実存主義が花開いたとは！

しかし、どこにおいても、日常生活は浅薄なものになりがちである。けれども、「真剣な」実存主義的な人間観に即して考えれば、こうした近代西欧の薄っぺらな「私」の背後に、ある種の深みを見出すこともできない相談ではない。そして考えようによっては、「無益さ」と「不条理」は人間を意気消沈させるばかりでなく、人間の意気を高めることもできるのである……。

だが、「存在」と「無」の話に戻ることにしよう。「他者」を受け入れることこそ、敵である。

サルトルはそう主張する。

こうなるとサルトルは、（例の戦争に対する態度にも見られた）独我論の領域に近づいているように見える。

奇妙なことに、サルトルのこの考えは、同時代のカソリック的思想家ガブリエル・マルセルの考えと重なっている。しかし、それももっともなことかもしれない。実はマルセルこそ、フランスで初めて実存主義を奉じた哲学者なのである。

マルセルの考えでは、一人ひとりの人間にとっては、社会は「マイナス記号として表現できる」ことになっている。こんなマルセルがなんとか独我論の非難を受けずにすんだのは、彼がカソリックを信奉していたからである。

それに対してサルトルの「人間」は、完全に孤独なものとなっている。サルトルは、「『他者』は、私の様々な可能性を葬る隠れた死である」と断言するのである。

とはいえ、すでに述べたように意識はあくまで「何かについての」意識であった。だから、意識（無）は対象（存在）をもたなければならないことになる。かくして、サルトルは厳密な意味での独我論を免れることになる。なにしろ、厳密な意味の独我論は、「この世には私しか存在せず、いわゆる外的な世界は私の意識の一部にすぎない」と言っているのだから……。

だがサルトルの立場には、個人的な意識を「閉ざされたもの」にしてしまうようなところが残っている。だから、サルトルは苦しまぎれに、高度な特殊用語を駆使した複雑な議論をもちだそうとする。けれども、結局サルトルは他人の存在を受け入れるのであり、その議論は日常生活の常識的な議論とかかわりがない。そしてサルトルは、他人を（自分の意識以外のものという意味での）「他者」というものに仕立ててしまう。

このことを通じて、サルトルはある種の道徳を導入しようとする。しかし、皮肉なことに、このサルトルの道徳は自分以外の人間、他人とはまったく関係のないものになっている。不条理な世界の不条理な道徳としかいいようがないものである。なんの皮肉も見せずに、サルトルはこういう。

「人間の活動はすべて、同じ価値しかもっていない。……だから、孤独な酔っ払いになろうと、国々の指導者になろうと、結局は同じことなのである。この二つの活動の一方が他方より優先されるとしても、現実の目標《ゴール》の違いのゆえにそうなるのではない。意識がその目標《ゴール》を思い描くさいの度合いによって一方が優先されるのである」

人間の活動の同等性と自由を謳《うた》う英雄的な言葉である。

しかし、どうだろう。子どもを育てたことのある人間なら、あるいは麻薬を常習したことのある人間なら、はたまたダービーで本命馬に全財産を賭けたいと思ったことのある人間なら、こうしたサルトルの議論にとうてい同意できないにちがいない。ところが、サルトルはたたみかけるように、かつての滑稽に見える議論まで繰りだしていく。

人間は自分が何をするか選ぶさい、自分がしていることを充分自覚していなければならない。そして、自分がしていることに対する完全な責任を負わなければならない。人間は自分の意識を増大させることを求めるべきである。自己意識を高め、自分の境遇を深く自覚するべきなのである。また、自分の境遇や行為に対する責任を引き受けるとともに、そうした行為によって創造される自分に対する責任もまっとうしなければならないのである。

だが、究極の善や究極の悪、究極の価値がなければ、人間のある活動が別の活動よりも本質的に優っていることなどありえない。だから、すべての行為が同じ価値しかもっていないということを認めざるをえない。とするなら、一つの行為を別の行為よりも優先させるのは、われわれが自分で独自の選択を行なっているからなのである。

けれどもこうなると、「何をしてもいい」という気ままな自由主義とはまったく正反対のものが生まれてくる。人間は自分で選択を行なうたびに、自分自身を創造していくだけではない。望むと望まぬとにかかわりなく、選択が行なわれるたびに、一つのまとまった道徳が伴われていくのである。

サルトルがいうように、人間はよくよく考えなければならないのである。酔っ払うのであっても、大統領に立候補するのであっても、かまわない。しかし、自分が何をしているかということを自覚しなければならないのである。

ここから、「自己欺瞞《ぎまん》」という考え方が出てくる。

自己欺瞞とは自分を欺《あざむ》くという意味であるが、人間はどのようなときに大きな自己欺瞞を犯しているのだろうか？　答えは、人生に意味や論理的な統一性を与えることで、人生や人間のあり方を合理化しようとする場合である。

では、どのような場合に、こうした合理化が行なわれるのだろうか？

たとえば、宗教や既存の価値を受け入れる場合である。そればかりではない。学問が人生に包括的な意味を与えようとしているかぎり、そうした学問を受け入れることも、自己欺瞞に満ちた合理化にほかならない。

したがって、自己欺瞞の中で行動するということは、自分の行為に対する責任をまっとうしないということを意味する。責任を外的な影響になすりつけてしまうのである。

話をさらに進めよう。

実はこの自己欺瞞以外に、サルトルの実存主義には、もう一つの重要な概念がある。それは「実存（存在）は本質に先立つ」というものである。

「この意味するところは、人間は何はともあれまず存在していて、自分に出会い、この世界の荒波に洗われるのであって、自分のことを定義するのはもっぱらあとになってからのことである、ということだ」

「人間の本性などというものは、存在しない。なぜなら、人間の本性を構想するような神、すべてを見通す神など、存在しないからである。……人間が何であるかは、人間が自分で自分から創りだすものである。それ以外のところに、人間の何たるかなどありえない。人間は自分のことを実現しようとしているかぎりで、存在するにすぎない。人間とは、自分の行動の総体にほかならない。実際の人生そのものが、その人の何たるかなのである……」

人間の行動についてのこうしたサルトルの理論は、どうしても通常の心理学の考えと矛盾することになる。通常の心理学の「無意識」という概念一つ考えてみれば、そのことがわかる。通常の精神分析では、無意識が人間の行動と人格の形成に影響を与える、とされているのである。サルトルはこうした批判をかわすために、独自の実存主義的精神分析を提唱する。『存在と無』で、サルトルはこの独自の精神分析を用いて、人間の多様な行動を解釈していく。

その主要な議論はこうである。

私が何であるかといえば、「無」つまり「存在を欠いているもの」である。私が求めるのは、私をとりまく存在にほかならない。これこそ、私に欠けているものだから……。

サルトルによれば、われわれの欲望と行動は、「存在に向けてのこの流れから派生しているにすぎない」のである。私は世界を欲し、世界を所有したいと思う。そして、実際に私は世界であるのである。

このサルトル流の見方では、私が何かを所有すると、ある意味で私がその対象になってしまうことになる。私が何かを所有することで、私の無が存在に変わるのである（さらには、私の無が他人の目の中で存在に変わるともいう）。

サルトルによれば、このようなことは、私が何かを壊したり、消費したりするときにも起こるという。私が何かを自分のものにすると、それが利に対して示す抵抗を破壊することになるのである……。

こうした実存主義的な解釈が徹底的に押し進められていくとどうなるかは、煙草を吸う（サルトルは一生のあいだ一日に二箱煙草を吸っていた）ときの事例によく示されている。

サルトルの考えでは、喫煙も何かを獲得したり、破壊したりする活動の一つなのである。私の煙草が世界にほかならず、私が煙草を吸うことで、私は煙草（世界）を破壊し吸収するというのである（煙草が自分を破壊するかもしれないということは、考慮にすら入れられなかった。煙草を吸いつづければ、世界に対する自分の責任をまっとうできなくなるのに……)。

さて、サルトルはある箇所で高らかにこう宣言している。

「私の自由は神になることを選ぶだろう。……この選択は私のどの行為のうちにもよく表われている」

こうして『存在と無』の最後で、別の複雑な議論が展開されていく。ここには哲学的に興味深い要素とうさん臭い要素が同じ程度含まれていて、何とも実存主義らしい議論となっている。

「人間的な現実はすべて一つの受難にほかならない。つまり、存在になるために、自分を失うのである。しかしこれは同時に、『即自存在』になることである。これは偶然に翻弄《ほんろう》されず、『自分の根拠を自分のうちにもち』、宗教が神と呼んでいるものにほかならない。それだから、人間の受難はキリストの受難とは反対のものなのである。というのも、人間は人間としての自分を滅ぼすことで、神を生みだそうとした。しかし、神という概念は矛盾したものである。ということは、われわれは無駄に自分たちを滅ぼそうとしていたことになる。人間とは無益な受難にほかならない」

『存在と無』が出版されたのは、一九四三年、ナチズム占領下のパリにおいてであった。この本に関心を寄せたのは、哲学者を自認している人ばかりであった。が、幸いなことに、フランスでは哲学者を自認している人たちはかなり多い。ほかのどの国よりも、「哲学者」の数が多い（唯一の例外はアイルランドである。アイルランドでは、いうなれば国民全員が哲学者なのである）。そのため、『存在と無』に書かれている言葉が広まっていく。実際にこの本を読んだ人から、読んだふりをしたい人へと拡散していく。こうして、実存主義と、その虚無的《ニヒリスティック》なスローガン（「人生や実存は無益なものである」「人間は無益な受難にほかならない」）とが、セーヌ左岸を瞬く間に席捲《せっけん》する。

その一年後パリが解放され、やがて第二次世界大戦が終息する。ファシズムに対抗する勢力がヨーロッパで勝利したのである。

しかし、ヨーロッパは廃墟と化していた。何とも理不尽で不条理な状況であり、様々なものの無益さを感じさせる状況であった。誰の目にもそのことは明らかだった。

こうした状況を前にして新しい言葉で発言したのが、実存主義であり、究極の正義など存在しないというのである。事実、戦争で何百万人もの命が奪われた。

生き残った人にしても、自分が自分であること以外、信じることのできるものは何もなかったのである。

けれども、サルトルの思想がフランスを席捲した理由は、それだけではない。ナチスによって屈辱を味わわされたフランスは、新しい英雄を欲していたのである。それもできれば、文化の領域でのヒーローが望ましかった（なにしろ、フランスとは結局のところ文化の国なのだから）。少なくとも、野蛮へ、ナチズムに精神的に抵抗した英雄が存在したことくらいは示さなければならない。

ピカソが芸術の領域の空席を埋めた（ピカソはスペイン人だったが……）。

そして、サルトルが文学の領域の空席を埋める（なんにしてもサルトルは抵抗運動の機関紙に二、三は文章を書いたのだから……）。

こうして大きな称賛を受けることになったため、サルトルは短い本を書き、平易な言葉で実存主義を説明しようとする。それが『実存主義とは何か』である。

すぐにサルトルと実存主義が、フランスから全世界へ流出していく。サルトルはすでにセーヌ左岸のヒーローだったが、今度は世界的な知識人としての名声を獲得することになる。世界中を渡り歩いて、実存主義についての講演をするようにもなる。古い宗教はすでに消え去っていて、実存主義の唱える新しい宗教、無神論と反抗的な絶望の宗教が時代の要請にマッチしたのである。

やがてジュリエット・グレコが、歌う実存主義者として名を馳せ、カルチェラタンの穴蔵のような店で実存主義的な歌を口ずさむようにもなる。サルトルはカフェ・ド・フロールの自分のテーブルに着き、哲学の著作をものしていく。隣のテーブルにはボーヴォワールが座る。やがて黒いセーターに黒いズボンのグレコと、カフェの哲学者サルトルがエッフェル塔やノートルダム寺院などで見受けられるようになる。

しかしサルトルはまわりに迎合して、歩みを止めるような人間ではない。というより、名声や成功にすら迎合できない性分だったのである（名声や成功というのは、自己欺瞞の臭いのするブルジョア的概念である）。

だから、サルトルは自分の哲学を発展させつづける。今までと同じように、書いて、書いて、書きまくる。小説を書き、戯曲を書き、記事を書き、本を書く。けれども、たえず書きつづけていたせいだろうか。運動とは無縁なふくよかな体の調子が悪くなることもある。すると、薬に頼った。そして議論を繰り返し、明け方まで酒をのむ。毎日、一日中そんな調子で、たえず自分を焚《た》きつけていたのである。頭を働かせ、頭を休ませたかと思うと、また活動させる。ときおり、危険信号が表われると、ボーヴォワールがサルトルを休暇に連れだす。そんなときでも、サルトルは自分の知性で若い女性を惹きつけ、彼女たちと話を始めてしまう。そんなときには、ボーヴォワールはこっそり姿を消すのであった……。

サルトルは、人間があらかじめ定まっていず、予言できないものであると考えていた。実際、彼の哲学はすべてこの信念のうえに打ち立てられている。サルトルの哲学の発展も、ある意味で予測のつかない方向へ向かっていく。しかし、その発展のありさまを見ると、やはり少し驚きの念を禁じえない。

最初の出発点は、独我論に近い立場だった。ところが、しだいに社会、世界、政治的状況に関与していくのである（実存主義は「社会参加《アンガージュマン》」という言葉も流行《はや》らせることになる）。

あるいは、こういう言い方もできる。

実存主義は『存在と無』で独自の精神分析を行ない、最初の成果として無益な受難というものを引きだしたのに、姿を変えヒューマニズムになってしまった。

そして「実存主義とはヒューマニズムである」と述べる『実存主義とは何か』——これこそ、サルトルが実存主義の立場を最も明瞭に述べた本にほかならない。このわずか三〇ページ程度の本が、数年のうちに多くの言語に翻訳される。世界の主要な言語で、この本が翻訳されなかった言語はない。

この本をひもとくと、ここにも、いつものニヒリスティックにも見えるスローガンが、いちおう力強く掲げられている。「人間はなんの理由も言い訳も与えられていないのに、孤独な状況にいる。これこそ、『人間は自由へと呪われている』ということで言おうとしたことだ」

かつてサルトルはこの自由を、外的な世界や外的な動機から切り離された絶対的自由のように受けとっていた。だから、フランスの悪名高き言葉、「無償の行為《アクト・グラチュイ》（無動機の行為）」に通じる考えのようにも見えた。つまり、結果などいっさい考えずに、瞬間的な衝動によって起きる自発的な行為——これをサルトルが促しているようにも見えたのである。

けれども幸いなことに、この気ままで放縦な行為は、実生活よりも文学作品の中によく表われている。たとえば、アンドレ・ジッドの『贋金づくり』の登場人物の行動が、そうである。走行する列車から乗客をなんの理由もなく衝動的に突き落とす。こうした行為、いうなれば実存主義的な無償の自由は、社会の外にあるものといわれた。言い換えれば、こうした行為を描くことで、本当の個人は社会や社会の道徳の外にいるということを示そうとしたのである（判事たちも同じような考えに達したようである。無償の行為の犯罪者を社会から離し、一生実存主義的状況に放っておくことにする）。

とはいえ、サルトルの無償の自由の理論は、実存主義的自由に関するサルトルの最初の予感にすぎない。まだ純粋に哲学的な場面での予感だった。

（戦前にル・アーヴルで教員をしていたころ、サルトルは無償の自由を説きながら、小さな無償の行為に耽《ふけ》り、膨大な量のビールをのんでいた。このことで、サルトルは生徒から人気を集めることになるが、いかなる無償の自由もサルトルが翌朝教室で授業することを妨げなかった……）

やがてサルトルは理解するようになる。無償の自由の理論は哲学的には筋道の通った立場かもしれないが、社会的にはとうてい認められない立場だ、と。無償の自由は社会という枠の外にある――無償の自由の賛美者たちは尊大な調子でそういうが、実際のところ無償の自由は反社会的なものにすぎない。

だから、サルトルも『実存主義とは何か』の時期になると、社会的な側面を考慮しながら個人の自由を考えるようになる。今や、一人ひとりの人間の自由が社会的な責任を含みもつことになる。

考えてみれば、サルトルはかつてもこんなことをいっていた。

人間は自分で選択を行なうたびに、自分自身を創造していくが、それだけではない。望むと望まぬとにかかわりなく、選択が行なわれるたびに、一つのまとまった道徳をつくっていく……。

ここから社会的責任という考えまでは、小さな一歩にすぎない。しかし、これは重大な一歩である。なぜなら、(例のたんなる「他者」ではなく)たくさんの他人の存在を認めることになるからである。そればかりではない。こうしたほかの人々が私の境遇に大きな影響を与えることを認めることにもなる。

「自分自身のために選択を行なうことで、すべての人間のために選択を行なうことになる。というのも、望みどおりの自分を創りだすために人間が何かの行為をしたとしても、そのさいには必ず『人間がどうあるべきか』というイメージも創りだされるのだから」

しかしこうした考え、「他人にしてもらいたいように、自分でも振舞え」「善良なる人間すべてに、平和が訪れますように」という考えは、西洋文明の道徳の中核をなすものにほかならない。この道徳に最も強い哲学的裏付けを与えたのは、カントの定言命法（絶対的命令）であった。カントは、この定言命法のうえに自分のすべての道徳体系を築いている。

その定言命法とは、「普遍的な法則になることをきみが望むような原理――それにのっとって、行動しなさい」というものである。

こう考えると、サルトルの道徳はべつに独創的なものではないことになる。それどころか、サルトルの道徳は実存主義的ですらないことになる。もっとも、サルトル自身は実存主義的な人生観と自由観の文脈に押しこむことでこの道徳を実存主義的な道徳だと主張するが……。

では、サルトルの唱えるこの実存主義的ヒューマニズムはどのようなものだろうか？『実存主義とは何か』の中の説明を見てみよう。

「人間はたえず自分自身の外にある。人間は自分自身を投企し、自分を自分の外へ向けて消滅させることでのみ、自分を存在させることができるのである。他方で、人間は目標を彼方においてそれを追うことで、生きていく。だから、人間は自分を乗り越えていく。この乗り越えの運動との関連でのみ、人間は様々な対象をつかむことができるのである。人間とは、この自分を越えていく運動の中心にほかならない」

言い換えるなら、人間は自分で自分の彼方に目標や理想を創りだすのである。こうした理想は、今の世界を越えたところにあると同時に、自分自身の乗り越えの運動の中心にある。

「人間の宇宙以外に、宇宙など存在しない。人間の宇宙、人間の主観性の宇宙があるにすぎない」――サルトルはこういっている……。

サルトルの反ブルジョア的態度のなせる業《わざ》なのだが、サルトルは急進的な社会主義の思想に傾いていく。サルトル自身は、「私はマルクス主義者ではない」といっている。けれども、実存主義が社会参加《アンガージュマン》に傾いていく中で、サルトルは自分の実存主義の変化と哲学史の流れが重なっているのに気づく。

たとえば、サルトルは、近代の哲学は基本的には三つしかないといっている。

その三つとは、デカルトやロックの哲学、カントやヘーゲルの哲学、そしてマルクス主義である。ほどなくサルトルは実存主義は他の哲学体系に「寄生しているような」ものだと考えるようになる。

「実存主義がかつて異議を唱えていた認識体系に、今では実存主義が組みこまれようとしている。この認識体系の端に、実存主義は、寄生して生きているにすぎない」

すぐにサルトルは次のような主張をするようになる。

「マルクス主義はみずからの理想にふたたび人間を引きずりこむ。実存主義はマルクス主義にどこまでもついていこうとする。マルクス主義がどこにあろうと、たとえ仕事場であろうと、家であろうと、路上であろうと、マルクス主義についていく」

一九五二年には、完全にマルクス主義者となっていた。

とはいえ、サルトルは相変わらず個人主義者であったので、どの政党にも入らない。そのうえ、相変わらず捻《ひね》くれていたので、共産党をかなり嫌う。「真のマルクス主義はコミュニストたちによって、完全に捻《ね》じ曲げられ、ゆがめられてしまった！」サルトルはかつては哲学に対する革命家だったが、今度は革命に対する哲学者となったのである。

世界中の急進的な運動が、サルトルの著作から勇気を得るようになる。サルトルのほうもアクチュアルな問題に関して旗幟《きし》を鮮明にし、革命的な立場を擁護する。そのため、南アメリカで、そして宗主国から解放されつつあったアフリカで、サルトルの著作が読まれる。毛沢東の中国でも、サルトルの本が読まれる。サルトル自身もロシアや東ヨーロッパといった共産圏を訪れ、全体主義と実存主義的自由のあいだで自分の革命的な考えを貫こうとする。こうしてサルトルが何か発言すると、サルトルに関心を寄せる国家権威や自由主義的運動が自分たちの目的のために、勝手にその発言を利用することになる。ここでも政治的状況に関するサルトルの考えは、政治的現実とうまくつながりをもてなかったのである。サルトルの得意分野は、着想《アイデア》にかぎられていた。が、その着想すら、やがて不条理な世界の中の無益なものになっていく……。

しかし、サルトルがどのような立場を選択したかを見ていくと、彼の勇敢さが否応なく伝わってくる。

アルジェリアがフランスに対して独立闘争を起こしたとき、サルトルは誠実で素朴な立場をとりつづける。そのため、極右勢力によって自宅が二度まで襲撃される。また、労働者が自動車工場を占拠したさいには、武装した警官が門から突入しようとするときに、工場の外で団結を訴えるスピーチを一人で行なう。だが、サルトルが現状を知的に分析してみても、警官も労働者も耳を貸さなかった。結局サルトルは、不器用なほど理想主義的で、孤独な立場にいたのである。けれども、自分で創刊した雑誌『現代』を通じて、サルトルの声はフランスという枠を越え、ヨーロッパ、そして世界中に広がっていく。

そのため、ボーヴォワールと連れだって、カストロに会うことにもなる。ソ連軍侵攻後のプラハを訪れたこともある。中国の赤軍の指揮官とお茶を共にしたこともあった。

パリに戻れば、コリデン（市販のアンフェタミン系「覚醒剤」）で自分を駆りたてながら、狂ったように書きつづけた。

その結果どうなったか？

支離滅裂な饒舌《じょうぜつ》なものを書いてしまうようになったのである。膨大な数の作品が公刊され、マルクス主義に鼓舞された複雑な弁証法的議論が展開されていくが、決して結論にたどり着くことがなかった……。

サルトルの哲学的な作品の最後を飾るのが、一九六〇年に発表された『弁証法的理性批判』である。これは七五〇ページ以上もの大作で、自分とマルクス主義との関係について解き明かそうとしている。

「人間を説明するには、歴史的なアプローチしかない」

そうサルトルは断言する。

ここには、マルクス主義に見られる歴史主義の息吹を感じとることができる。文明の発展についての決定論的な批判、歴史的変化に関する弁証法的分析。

これらがサルトルの知性に共感を呼び起こしたのであろう。

それだから、サルトルがマルクス主義者だったことは間違いない。だが、サルトルらしいことに、やはり自分流のマルクス主義でないと気がすまなかった。古典的なマルクス主義は、現実の特殊な地理的、歴史的状況などに適応することができなかったというのである。

とはいえ、マルクス自身に対するサルトルの批判には、将来を言い当てているところもある。マルクスは欠乏（希少性）の問題をもっと強調するべきだった——サルトルはそういっている。もっとも、ここでもサルトルは自分の着想に飛びつき、よく吟味しないうちに、それを使いまわす。

サルトルいわく。

人間の関係はすべて欠乏によって支配されている。生産が過剰なように見えるところでも、消費者の欠乏という形で欠乏がひそんでいる。現段階での文明の基本的ルールは「殺せ。さもなければ、飢えるぞ」というものだが、暴力が紛争を生みだす場合でも、「内面化された欠乏」がひそんでいるのである……。

このような思いつきはナンセンスにすぎない。が、サルトルはやはり天才であった。とくに、精力的に書きつづけている戯曲においては、光るものがある。戯曲において、サルトルは哲学的な著作よりもみごとな冴えを見せるのである。

そうした戯曲では敵は（暗殺者として現われる場合でも、拷問者として現われる場合でも）脱出不可能な状況に捕らわれた英雄のようなものに仕立てられる。彼らは自分たちが何をしているか、充分わきまえている。自分の行為に責任を負おうともしている。しかも、ほかに振舞いようがないのである。

代表的な実存主義的批評家フィリップ・トーディの言葉を聞いてみよう。

「そのような敵は自分自身の行為の犠牲となっている。自分自身の意図によって苦しんでいる。……いわば歴史の刑事被告人となっているのである。しかも、自分以外に死刑執行人をもたない……」

このような犠牲者とはどのような人間か？

神が消えたのに歴史も愛もその代役を務められない世界——その中でキリスト教的感性を保持している最後の代弁者にほかならない。

その後一九六四年には、サルトルにノーベル文学賞が与えられることになる。選考のさいにとくに評価されたのが、少年時代をつづった自伝『言葉』である。哲学的著作も、政治的著作も、それほど評価されたわけではない。

当然のことながら、サルトルはノーベル賞を拒否する。

「作家というものは、なんらかの団体や制度によって自分の姿をかえてしまうような真似をしてはならない」

これがサルトルの言い分であった。

このサルトルもしだいに健康を害し、病気に苦しむようになっていく。しかし、それでも『現代』誌においてアクチュアルな政治的問題に、断固とした非妥協的発言を発しつづけていた。権威に抗《あらが》うデモがあれば、必ずその先頭に立った。極右勢力は、「サルトルを殺せ！」というスローガンを連呼していた。警官は警官でなんとかサルトルを刑務所に放りこもうとする。

しかし、サルトルも政府に友人をもつようになっていた。大統領のド・ゴールである。ド・ゴールは厳然とした調子で、サルトルを「歴史の偉人」として認める。そのうえ、こう言い放つ。

「ヴォルテールを刑務所に入れることはできない」

とはいえ、この時期にはもうサルトルはヴォルテールというよりも、冒険漫画の主人公といったような存在だった。思想の流れというものがサルトルを押し流してしまったのである。

サルトルにかわって登場したのが、構造主義やポストモダンといった新しい思想である。この新しい思想の台頭とともに、バルト、デリダ、フーコーといった哲学者が表舞台に登場するようになる。サルトルに比べれば、このような哲学者たちはとるに足りない小さな存在かもしれない。しかしなんといっても、パリはファッションの街でもある。彼らはセーヌ左岸の最新の知的ファッションだった。「社会参加《アンガージュマン》」した知識人、議論に明け暮れる人々の最新の知的ファッション、彼らはそうしたものだったのである。

時が流れ、六〇年代が過ぎ去り、七〇年代を迎えるころになると、サルトルは「薬づけの生活」のつけを払わなければならなくなる。「薬に頼る」ことは、サルトルにとっていわばファウストが交わした契約のようなものであった。薬によって、サルトルは他の人間よりも猛烈に仕事に励み、他の人間よりも猛烈に激しく生きることができた。しかし、最後にはそのつけを支払わなければならなかったのである。

サルトルは衰弱し、まわりから支えられるようになる。むろんボーヴォワールが付き添ったが、彼女ばかりではない。忠実な若き「実存主義者」（このときにはもう成熟した女性になっていたが……）もサルトルに付き添った。

薬、書くこと、酒、煙草、女——最後にはサルトルは、この愛してやまなかったものをすべて控えるようになる。そして、ついに一九八〇年四月一五日、七四歳でこの世を去る。

その四日後、葬儀が行なわれ、葬儀の列がサルトルの書斎だったカフェを通り越し、カルチェラタンを進んでいくと、二万五〇〇〇人以上の信奉者が集まってきた。

セーヌ左岸の居住者、世界で最も礼を知らない人々。彼らが、自分たちの「最も礼を知らないヒーロー」に最後の礼を尽くしたのである……。

サルトルの言葉

「人間は自由へと呪われている」

――『実存主義とは何か』

「説明と合理の世界は存在や生命の世界ではない」

――『嘔吐』

「偶然性こそ、本質的なものである。言い換えるなら、存在というのは、論理的な定義からして、必然的なものではない。存在するとは、そこにあるということを意味するにすぎない。存在するものはあらわれ、他のものと出会うにすぎない。存在を演繹することはできない」

——『嘔吐』

「実存主義は最初に何をおこなうか？　一人ひとりの人間があるがままの自分を把握し、みずからの実存について全責任を負うようにさせる」

——『実存主義とは何か』

「一人の人間が人間そのものについて判断を下すことは、許し難い行いである。実存主義はこのような判断を捨て去る。実存主義者なら、人間自体を究極目的とみなすようなことはしない。なぜなら、人間はつくられていくものだからである」

——『実存主義とは何か』

「私は無神論的実存主義を唱えるが、これはかなり論理的に首尾一貫した立場である。その主張するところは、こうだ。神が存在しないなら、『実存が本質に先立つ存在』、つまり『概念による定義づけの前に存在するもの』が少なくとも、一つある。それは人間、ハイデガーがいうところの人間的現実である。……人間はまず初めに実存し、自分に出会い、世界の内に突然姿をあらわす。自分を定義するのは後になってからのことなのである。……人間は定義不可能なものである。なぜなら、人間は最初は何ものでもないのだから。人間は後になってようやく何ものかになるのであり、自分でつくったところのものになるのである」

——『実存主義とは何か』

「意識は……まったく空虚なものである。何しろ、世界はすべて、意識の外にあるのだから」

——『存在と無』

「私が行為することで、価値が急にあらわれ出てくる。ヤマウズラが突然飛び出てくるように」

——『存在と無』

「人間とは無益な受難にほかならない」

——『存在と無』

「地獄、それは他人である」

——『出口なし』

哲学史重要年表

紀元前六世紀……ミレトスのタレスが西洋哲学史の幕を開く。

紀元前六世紀の終わりごろ……ピュタゴラスの死。

紀元前三九九年……アテナイでソクラテスが死刑を宣告される。

紀元前三八七年……プラトンがアテナイに世界最初の大学アカデメイアを設立する。

紀元前三三五年……アリストテレスがアテナイに、アカデメイアのライバル校リュケイオンを開校する。

三二四年……皇帝コンスタンティヌスがローマ帝国の首都をビザンティウムに移す。

四〇〇年……聖アウグスティヌスが『告白』を書き、哲学をキリスト教神学に組み入れる。

四一〇年……西ゴート族がローマを略奪する。

五二九年……皇帝ユスティニアヌスがアテナイのアカデメイアを閉鎖する。ギリシア・ローマ時代が終焉し、暗黒の時代がはじまる。

一三世紀中葉……トマス・アクィナスがアリストテレスの著作の注釈をものす。スコラ哲学が栄える。

一四五三年……ビザンティウムがトルコの前に陥落し、東ローマ帝国が滅亡する。

一四九二年……コロンブスがアメリカに到達する。フィレンツェでルネサンス文化が花開き、ギリシア文化への興味がわきあがる。

一五四三年……コペルニクスが『天球の回転について』を公刊し、数学的に地動説を証明する。

一六三三年……教会の圧力でガリレオが地動説を撤回する。

一六四一年……デカルトが『省察』を著し、近代哲学の幕が切って落とされる。

一六七七年……スピノザが世を去り、『エチカ』が公刊される。

一六八七年……ニュートンが『プリンキピア』を出版し、引力の概念を導きいれる。

一六八九年……ロックが『人間悟性論』を著し、経験論の礎《いしずえ》を築く。

一七一〇年……バークリーが『人知原理論』を発表して、経験論を一つの極論までおし進める。

一七一六年……ライプニッツが没する。

一七三九年－四〇年……ヒュームが『人性論』を世に問い、経験論の論理的な結論を導きだす。

一七八一年……カントがヒュームによって「独断のまどろみ」から覚まされ、『純粋理性批判』を刊行する。このことで、ドイツ観念論の時代がはじまる。

一八〇七年……ヘーゲルが『精神現象学』を公刊する。ドイツ観念論の絶頂期となる。

一八一八年……ショーペンハウアーが『意志と表象としての世界』を発刊し、ドイツ哲学にインド哲学の要素を組み入れる。

一八八九年……「神は死んだ」と宣言したあと、ニーチェがトリノで狂気に陥る。

一九二一年……ヴィトゲンシュタインが『論理哲学論考』を発表し、

「哲学的問題に最終的解決を与えた」と主張する。

一九二〇年代……ウィーン学団が論理実証主義を提案する。

一九二七年……ハイデガーが『存在と時間』を出版し、分析哲学の大陸哲学に目を向ける。

一九四三年……サルトルが『存在と無』を著し、ハイデガーの思想をおし進め、実存主義を煽動する。

一九五三年……死後二年して、ヴィトゲンシュタインの『哲学探究』が公刊される。言語分析が隆盛をきわめる。

訳者あとがき

この本を手にとる方は、日常生活でどれくらい哲学の議論をするのだろうか。哲学の専門家なら、哲学の話をすることも多いにちがいない。しかし、専門家でなければ、哲学の議論をすることもあまり多くないのではないか。普通の人が集まって頻繁に哲学の議論を交わす姿など、今では想像しがたい。

けれども、普通の人が哲学の議論を熱く戦わせた時代もあった。しかも、それほど遠い昔のことではない。二〇世紀の中葉から七〇年代頃まで、巷《ちまた》のカフェでも激しい哲学の議論が戦わされたのである。

この「カフェの哲学」を指導した哲学者、「カフェの哲学」のヒーローがサルトルである。もちろん、サルトルの哲学はカフェ以外のところでも、議論された。鋭い着想は、哲学の世界のみならず、文学の世界や政治の世界にも大きな影響を与えつづけた。サルトルは多彩な才能をいかんなく発揮したのである。

しかし、サルトルの思想が人々を惹きつけたのは、サルトルが多才だったからではない。彼の思想に、人の心を強く揺さぶるものがあったからである。彼の思想から、日常生活の感覚と結びついたメッセージが発せられていたからである。

では、日常生活において人々がどのような感覚を抱いていたかといえば、不条理な感覚、「神は死んだ」「絶対的な価値も絶対的な善悪もない」という感覚である。

だがこういう感覚を抱けば、当然のことながら、「人生にどう立ち向かえばいいのか」が緊急の問題となる。

サルトルはまさにこの問題に答えようとしている。

サルトルはいう。

人間にあらかじめ定められた本質や目的はない。人間は本当に自由だ。人間が何であるかは、その人の行なったことの総体以外のものではない。人間が何であるかは、自分でつくっていかなければならない。人間は、自分の人生に対して全責任を負わなければならない……。

まさしく時代の要請、日常生活の感覚に合っているではないか。

だが、考えてみれば、現在の状況もサルトルの生きていた頃となんら変わっていない。今でも、多くの人が人生を不合理なもの、不条理なものと考えている。

ということは、サルトルの哲学はアクチュアリティーを失っていないことになる。不条理な人生に立ち向かう行動の哲学は、今なお輝きを放ちつづけているのである。

人生に疑念や不条理を感じている人は、本書をひもといてサルトルの思想に触れていただきたい。生きていくためのヒントが見つかるのではないだろうか。少なくとも、勇敢に人生に立ち向かっていく人間の熱い魂が感じとれるはずである。

二〇一四年九月

浅見昇吾

フランス全図
ドーバー海峡
カレー
イギリス海峡
ルアーブル
リール
シェルブール
ルアン
ノルマンジー半島
ブレスト
パリ
セーヌ川
ブルターニュ半島
ルマン
オルレアン
ロアール川
ナント
ジージョン
ラ・ロシェル
リモージュ
ビスケー湾
リヨン
サンテチェンヌ
ローヌ川
ボルドー
オーベルニュ高原
ガロンヌ川
ツールーズ
ニース
モンペリエ
マルセイユ
リヨン湾

著者プロフィール

ポール・ストラザーン
Paul Strathern

ロンドンに生まれる。ダブリンのトリニティ・カレッジで
物理学・化学を学んだあと哲学に転向。
作家としてのキャリアも長く、小説、歴史書、旅行記など
数々の著作があり、サマーセット・モーム賞なども受賞している。
数学、哲学、イタリア現代詩とさまざまな分野にわたって、
大学で教鞭をとったこともある。
「90分でわかる哲学者」シリーズは
イギリスでベストセラーになり、多くの国で翻訳されている。
哲学者シリーズの他に
科学者や医学者を扱ったシリーズも刊行されている。

訳者プロフィール

浅見昇吾
Shogo Asami

慶應義塾大学文学研究科博士課程修了。
ベルリン・フンボルト大学留学を経て、
現在、上智大学外国語学部教授。外国人が取得できる
最高のドイツ語の資格・大ディプローム(GDS)を持つ数少ない一人。
『この星でいちばん美しい愛の物語』(花風社)、
『魔法の声』(小社刊)など訳書多数。

90分でわかる
サルトル

SARTRE in 90 minutes
by Paul Strathern

2014年10月26日 第1版第1刷発行

著者 — ポール・ストラザーン

訳者 — 浅見昇吾

発行者 — 玉越直人

発行所 — WAVE出版
〒102-0074 東京都千代田区九段南4-7-15
TEL 03-3261-3713 | FAX 03-3261-3823
振替 00100-7-366376
E-mail: info@wave-publishers.co.jp
http://www.wave-publishers.co.jp

印刷・製本 — 中央精版印刷

ISBN978-4-87290-693-6 NDC102 159p 19cm